DR. DAVID JER

UNA VIDA

9 DECISIONES QUE

MÁS QUE

TRANSFORMARÁN SU VIDA HOY

MARAVILLOSA

GRUPO NELSON
Una división de Thomas Nelson Publishers
Desde 1798

© 2017 por Grupo Nelson®
Publicado en Nashville, Tennessee, Estados Unidos de América.
Grupo Nelson es una marca registrada de Thomas Nelson.
www.gruponelson.com

Título en inglés: *A Life Beyond Amazing*
© 2017 por David P. Jeremiah
Publicado por W Publishing Group, una marca de Thomas Nelson.
Publicado en asociación con Yates & Yates, www.yates2.com

Editora en Jefe: *Graciela Lelli*
Traducción: *Miguel Mesías*
Adaptación del diseño al español: *Grupo Nivel Uno, Inc.*

ISBN: 978-0-71807-445-6

Impreso en Estados Unidos de América

17 18 19 20 LSC 9 8 7 6 5 4 3 2 1

Para David y Barbara Green.
Sus vidas son más que maravillosas.

CONTENIDO

Introducción   vii

1. Una vida de amor   1
2. Una vida de gozo   25
3. Una vida de paz   47
4. Una vida de perseverancia   69
5. Una vida de compasión   91
6. Una vida de generosidad   113
7. Una vida de integridad   139
8. Una vida de humildad   163
9. Una vida de disciplina   183

Conclusión   209

Reconocimientos   221

Notas   225

Acerca del autor   237

INTRODUCCIÓN

A las dos de la tarde el domingo 8 de enero de 2017, un gigante cayó al suelo, haciendo que la tierra se estremeciera como una mano trémula. Una de las secuoyas gigantes más conocidas, el árbol «La cabaña del pionero», se vino abajo en medio de las tormentas de California. La cabaña del pionero, llamado así debido a que su interior hueco era tan grande como para que cupiera una casa, había apuntado al firmamento por mil años. Resultaba majestuoso al contemplarlo. Sin embargo, su médula había desaparecido, sus ramas estaban quebradizas, sus raíces carecían de profundidad y solo unas pocas ramas se aferraban a la vida. Cuando lo azotó el viento y la lluvia, el enorme árbol se tambaleó, cayó y se destrozó con el impacto. Su milenio acabó.

Muchos de nosotros también temblamos y nos tambaleamos, sin saber cuándo vendrá la próxima tempestad. Queremos tener buenas raíces y ser sólidos; un testimonio para nuestro Creador. No obstante, a menudo nos sentimos huecos, sin raíces profundas ni médula fuerte.

¿Qué tal si le dijera que usted puede cambiar todo esto, que puede capear las tormentas de la vida con una fuerza y confianza internas que jamás se imaginó que podría tener? ¿Qué tal si le dijera que puede disfrutar de la clase de gozo que cambiará al mundo que le rodea, la clase de paz que trae serenidad y la calma más dulce que jamás haya conocido?

¿Y qué tal si le dijera que lograr todo eso es gratis, que está disponible para todos y que esta oferta especial nunca expirará?

¿Interesado?

En este libro le explico cómo puede lograr todo lo que acabo de describirle, y más. ¡En estas páginas le mostraré la senda a una vida más que maravillosa!

No importa quién sea, cuántos años tenga, si es rico o pobre, si está cansado, desilusionado, se siente solo o sin esperanza, usted puede seguir este sendero. No importa la dificultad y el dolor que la vida le haya destinado, o las riquezas y oportunidades que piensa que no le ha dado, esta senda es para usted.

Este libro trata acerca del carácter. Sobre cómo usted puede cultivar el carácter que Cristo quiere para nosotros, que Dios nos hizo capaces de alcanzar y al que el Espíritu Santo siempre, siempre está listo para guiarnos. Quiero ayudarle a cultivar las cualidades de carácter más allá de la norma. Quiero mostrarle cómo edificar una vida más que maravillosa y, al hacerlo, cómo puede causar un impacto que trascienda su imaginación.

DEJE EL TEMOR A UN LADO

Usted ya no tiene por qué temer. Necesita nueva esperanza, nueva fuerza y nueva comprensión. Necesita un nuevo comienzo en una nueva senda.

¿Y qué necesita nuestro mundo? Nuestro mundo necesita personas firmes hasta la médula, con muchas agallas y una piedad irrestricta.

La iglesia cristiana necesita un reavivamiento de los nueve rasgos que conforman la esencia del carácter y son llamados «el fruto del Espíritu» en Gálatas 5.22, 23. Dios quiere que seamos personas llenas de amor, gozo y paz. Él quiere desarrollar resistencia en nuestras vidas, instilarnos su compasión por los que necesitan nuestra ayuda. Él está listo para concedernos las cualidades de los campeones: la generosidad, la integridad, la humildad y el dominio propio.

Personas con esas cualidades son santos durante todas las estaciones. Son personas como Jesús.

Este libro es un manual sobre cómo puede desarrollar estas cualidades. Solo usted puede tomar la decisión de procurar esta vida y, si lo hace, le aseguro que no será el único. Nunca.

Las cualidades de una vida más que maravillosa las produce en nosotros el Espíritu Santo. Se trata del amor, el gozo, la paz, la paciencia, la benignidad, la bondad, la fe, la mansedumbre y el dominio propio que usted busca. Estas cualidades representan la esencia de la personalidad de Jesús mismo. Cuando el Espíritu de Cristo viene a vivir en nosotros se reproduce a sí mismo, haciendo que esas características formen parte de nuestra esencia, de modo que podamos lograr un carácter piadoso. Nuestro primer paso, entonces, es consagrarnos a Cristo y disponernos a crecer en la comprensión de cómo el Espíritu Santo obra en nosotros.

DEPENDE DE USTED

Esta es una decisión que transforma la vida. Sí, usted tendrá ayuda del Todopoderoso, pero aun así el trabajo le toca a usted. Estas nueve cualidades requieren consagración y esfuerzo. Piense en ellas como si representaran nueve decisiones que transformarán su vida si las toma en serio. Y si usted, en efecto, las toma así, empezará una jornada que no lo dejará siendo la misma persona que es hoy.

La misma Biblia que describe el amor como fruto del Espíritu también nos ordena amarnos unos a otros, vestirnos de amor y andar en amor. El mismo Nuevo Testamento que llama al gozo un producto que resulta del Espíritu también nos dice que nos regocijemos en el Señor siempre y que estemos alegres.

Una dosis de gozo extra no parece tan difícil, ¿verdad? Una abundancia de amor que llena el corazón y la vida de uno es la clase de compromiso que estamos más que listos para hacer, ¿verdad?

Eso depende. Nada de lo que voy a decirle está fuera de su alcance... a menos que trate de hacerlo solo, sin el respaldo espiritual que Jesús pone a nuestra disposición. Ese apoyo espiritual le sostendrá cuando le parezca que lo que le voy a pedir que haga es más de lo que puede manejar, mucho menos lograr. Le diré cómo lograr tener acceso a ese respaldo y cómo será capacitado para cualquier reto cuando lo haga. Porque si usted sigue esta senda y hace su parte, tendrá ayuda. No simplemente cualquier ayuda, sino la ayuda del Espíritu Santo a cada paso en el camino. Y nada, verdaderamente nada, es más poderoso que eso.

En Juan 10.10 el Señor dijo: «Yo he venido para que tengan vida, y para que la tengan en abundancia». La vida abundante es sólida hasta la médula, fructífera hasta el fin y una experiencia asombrosa. Es la norma bíblica para el pueblo de Dios.

En Filipenses 2.13 leemos: «*Porque Dios es el que en vosotros* produce así el querer como el hacer, por su buena voluntad». El desarrollo del carácter es un esfuerzo conjunto de nuestro Salvador y nosotros mismos, y es arte y parte de la vida abundante.

¿Por qué, entonces, vivimos por debajo de la norma?

¿Por qué hay tal brecha entre lo que Cristo quiere que seamos y lo que somos?

TRES RAZONES POR LAS QUE BATALLAMOS

A veces eso se debe a que entendemos mal la naturaleza de la salvación.

«Salvación» es una de las palabras grandes de la Biblia, pero muchos no entienden que la Escritura presenta la salvación en tres etapas. En el momento en que verdaderamente recibimos a Cristo como Salvador y Señor, instantánea y eternamente somos salvados del *castigo* por el pecado. Durante nuestra vida cristiana aquí en la tierra, gradualmente estamos siendo salvados del *poder* del pecado y debemos crecer en santidad. Un día en el cielo, seremos salvados de la misma *presencia* del pecado y seremos glorificados por completo.

Muchos consideran la salvación como un suceso pasado que ocurre de una vez por todas. Se olvidan de su naturaleza continua.

N. T. Wright escribe:

Muchos cristianos [...] tienen una gran brecha en su visión de lo que es ser cristiano. Es como si estuvieran parados en un lado de un río profundo, ancho, mirando al frente a la otra orilla. En *esta* orilla uno declara su fe. En la orilla *opuesta* está el resultado último: la salvación misma. Pero ¿qué es lo que se supone que las personas deben hacer mientras tanto? ¿Simplemente quedarse allí y esperar? ¿Acaso no hay un puente entre las dos?.

Al puente en cuestión se le dan muchos nombres. Pero uno de los más obvios es *carácter*: la transformación, forja y caracterización de una vida y sus hábitos.[1]

Desde el primer paso en ese proceso hasta nuestro último aliento, estamos cruzando este puente. Toda nuestra vida desarrollamos nuestro carácter consciente o inconscientemente. En su peregrinaje a una vida más que maravillosa, usted aprenderá a desarrollar su carácter de maneras que le proporcionarán recompensas impresionantes.

Hay una segunda razón por la que las personas se pierden la vida abundante: aplican erróneamente el concepto de las obras. Muchos pasajes bíblicos enseñan que no somos salvados por nuestros propios esfuerzos, sino solo por la gracia de Dios. Sin embargo, esos mismos pasajes también nos dicen que las buenas obras son evidencia esencial de la experiencia de la salvación.

Por ejemplo, Efesios 2.8, 9 declara: «Porque por gracia sois salvos por medio de la fe; y esto no de vosotros, pues es don de Dios; no por obras, para que nadie se gloríe». ¡Aleluya por eso!

Sin embargo, el versículo que sigue dice: «Porque somos hechura suya, creados en Cristo Jesús para buenas obras, las cuales Dios preparó de antemano para que anduviésemos en ellas» (Efesios 2.10).

¡Aleluya por eso también! No somos salvados *por* buenas obras, sino *para* buenas obras. Dios nos salva y nos deja aquí en esta tierra por un tiempo a fin de que podamos servirle aquí, permitiendo que nuestra luz brille ante otros, a fin de que ellos puedan ver nuestras buenas obras y glorificar a nuestro Padre que está en el cielo (Mateo 5.16).

Si escoge seguir la senda que voy a mostrarle, esta comprensión será una bendición. Una y otra vez consideraremos lo que usted en realidad puede *hacer* para alcanzar esta vida nueva. Esta empieza con la gracia de Dios y es sostenida por la gracia de Dios conforme usted moldea su carácter por lo que hace al cruzar el puente.

Una tercera razón por la que no desarrollamos un carácter santo es una noción errónea de la espiritualidad. Algunos piensan que tenemos poco o nada que ver con nuestra propia madurez cristiana. Dios lo hace todo, piensan, y nosotros simplemente tenemos que «entregarle las riendas y dejar que lo haga». Después de todo, si es el «fruto del Espíritu», debemos pasivamente dejarle que Él obre en nosotros conforme nosotros permanecemos en Cristo.

Es verdad que solo el Espíritu Santo puede reproducir el carácter de nuestro Señor Jesús y que nosotros debemos siempre permanecer en Cristo. Sin embargo, la Biblia también nos hace participantes activos en el proceso y debemos ser diligentes en lo que respecta a hacer nuestra parte. «Procura con diligencia presentarte a Dios aprobado, como obrero que no tiene de qué avergonzarse» (2 Timoteo 2.15).

Diligencia no es una palabra para los tímidos de corazón. Implica constancia, disciplina, hacer todo esfuerzo y trabajar con gran conciencia.

Bono, el cantante principal de la banda U2, describe su experiencia de crecimiento espiritual de esta manera:

Su naturaleza es una cosa dura de cambiar; lleva tiempo [...] He oído de personas que tuvieron un giro milagroso, que transformó su vida; de personas que fueron libradas de una adicción después de una sola oración, de relaciones personales salvadas en las que ambas partes «le entregaron las riendas a Dios y lo dejaron hacer». No obstante, no fue así conmigo. Por todo eso de que «estaba perdido, y fui hallado», es probablemente más acertado decir: «Yo estaba realmente perdido. Lo estoy un poco menos al momento». Y luego un poquito menos, y después otro poquito menos. Eso es para mí la vida espiritual. La lenta revisión y reiniciación de una computadora a intervalos regulares, leyendo la letra menuda del manual de servicio. Eso lentamente me ha reconstruido a una mejor imagen. Sin embargo, ha llevado años, y todavía no se ha acabado.[2]

Bono está diciendo que lograr un progreso espiritual desde su conversión le ha llevado tiempo y esfuerzo. También está reconociendo que su trabajo todavía no ha terminado y que no tiene ninguna expectativa de perfección en ningún momento cercano.

Dios nos ha dado todo lo que necesitamos para la vida y la santidad. Y nos ha dado la fuerza y la dirección del Espíritu Santo que mora en nuestro interior. El resto depende de nosotros.

Pedro dice: «Vosotros también, poniendo toda diligencia por esto mismo, añadid a vuestra fe virtud; a la virtud, conocimiento; al conocimiento, dominio propio; al dominio propio, paciencia; a la paciencia, piedad; a la piedad, afecto fraternal; y al afecto fraternal, amor» (2 Pedro 1.5–7).

ASOCIÉMONOS CON DIOS

Al meditar en esto, hallé un breve ensayo que lo hace todo tan práctico como ponernos nuestros zapatos o arremangarnos la camisa. Pat Goggins escribe:

> Yo describo el carácter como lo único que va con uno al ataúd. Es lo único que uno se lleva consigo al más allá [...]
>
> Carácter es devolver el cambio extra en el supermercado. Carácter es cumplir las citas y llegar a tiempo, honrar los compromisos y guardar la palabra. Carácter es escoger el bien más difícil en lugar del mal más fácil. Carácter es fijar las prioridades que honran a Dios, la familia, el país y luego la carrera.
>
> Carácter en el matrimonio es trabajar en tiempos difíciles [...] Carácter es comprometerse al bienestar de su familia y amigos,

asociados y otros, incluso si es costoso personalmente; y sí, carácter es establecer un buen ejemplo.

Una persona casada de carácter actúa como casada todo el tiempo. Una persona de carácter actúa con disciplina y dominio propio. El carácter implica la valentía de levantarse a favor de lo que es correcto, si es necesario totalmente solo, para oponerse a lo que es malo y hacer el esfuerzo de discernir la diferencia. Carácter es ser veraz en todas las cosas mientras que a la vez se es sensible al hecho de que a veces la verdad hace daño y no se debe decir.[3]

¿Quiere usted ser una persona así? Estoy seguro de que sí, como también yo. Así es como debemos ser siempre que entramos a un salón, vamos a una reunión, competimos en un partido, abrazamos a nuestro cónyuge, llevamos a nuestros hijos a la cama, nos embarcamos en un avión, nos registramos en un hotel, hacemos una compra o reaccionamos a la adversidad.

Eso es también lo que Dios desea para nosotros. Él quiere que seamos árboles que nunca se caen, gigantes que nunca colapsan, personas que llevan fruto duradero. La Biblia dice:

> Bendito el varón que confía en Jehová, y cuya confianza es Jehová. Porque será como el árbol plantado junto a las aguas, que junto a la corriente echará sus raíces, y no verá cuando viene el calor, sino que su hoja estará verde; y en el año de sequía no se fatigará, ni dejará de dar fruto. (Jeremías 17.7, 8)

El fruto del Espíritu con sus nueve aspectos como aparece en Gálatas 5 constituye una dádiva de Dios, pero no se olvide: también representa nueve decisiones de parte suya. Esas decisiones afectarán todos sus días; lo transformarán en una persona de carácter que hace uso del potencial que Dios le ha dado e inspira a otros a hacer lo mismo.

Es maravilloso conocer personas así.

Es más que maravilloso ser una de ellas.

CAPÍTULO 1

UNA VIDA DE AMOR

*El amor no tiene que ver con lo que sentimos por
otros; es cuestión de lo que hacemos por otros.*

¿Quién se casa un martes?

Eso es lo que los familiares y amigos de Kim y Scotti Madison se preguntaron cuando abrieron las invitaciones a la boda de la pareja un martes. Sin embargo, para Kim y Scotti, era perfectamente sensato.

Kim vivía en Nashville, donde crió a sus cinco hijos después de un difícil divorcio. Scotti, también divorciado, había viajado a Nashville por negocios. Amigos comunes los presentaron y, desde el día en que se conocieron, ambos hicieron el compromiso de tomar las cosas lentamente para asegurarse de que cualquier relación personal que se pudiera desarrollar se consideraría con mucha oración.

«Cuando salía de citas con otros hombres después de mi divorcio, mi pastor me dijo: "Kim, el hombre perfecto para ti es el que esté sirviendo a los indigentes, ya sea que tú estés allí o no"», recuerda Kim.

En efecto, la noche en que Scotti viajó a Nashville para pedirle a Kim que considerara salir con él seriamente, fue la misma que ella se había comprometido a supervisar el culto de mitad de semana en la Misión de Mujeres de Nashville. Ella aceptó la cita, a condición de que Scotti la acompañara a la misión. Y, ella añadió, puesto que él iba a estar allí de todas maneras, ¿podría ser su conferencista invitado?

Scotti aceptó, esa noche les habló con el corazón a las mujeres sobre perder un hijo por la heroína y cómo llevar una vida firme con la secuela de tal tragedia.

«Percibí su devoción por Jesús y vi su deseo de servir a otros», dijo Kim. «Esa noche supe que Dios quería que uniéramos nuestras vidas».

Poco después fueron invitados como voluntarios al ministerio The Bridge [El Puente], un ministerio de trece años de existencia que servía a los indigentes debajo del puente de la calle Jefferson en Nashville.

«Ese era un sector de nuestra sociedad al cual yo solía mirar de reojo y desviar la vista», explicó Scotti. «Ahora miro a los ojos y almas de aquellos que están sufriendo. Jesús dijo: "Los conocerán por su amor". Servir, escuchar, abrazar y orar con esas personas especiales junto a Kim es lo que me hace sentir más feliz y satisfecho».

Para Navidad, Scotti dijo claramente que quería casarse con Kim y ella sentía lo mismo en cuanto a él. Durante el mes que siguió, la pareja oró con respecto al tiempo de Dios para la boda y los detalles. Por supuesto, Nashville ofrecía abundantes edificios preciosos y había varios viernes o sábados que servirían bien.

Sin embargo, eso no fue lo que Dios les mostró. Tanto Kim como Scotti sintieron que el Señor les mostraba el mismo lugar y tiempo: bajo el puente de la calle Jefferson, un martes por la noche, cuando podían celebrar con los indigentes y servirles.

«Fue un destino real para nuestra boda», dijo Scotti sonriendo. «Y compartimos con nuestros invitados especiales, aquellos a quienes

Jesús quería invitar al banquete de bodas: "los pobres, los lisiados, los cojos, los ciegos"».

«Habíamos llegado a un punto en nuestras vidas en el que reconocíamos que el amor de Dios gira alrededor de servir», añade Kim. «Queríamos que nuestros amigos y familiares supieran y oyeran: "Esto es lo que somos. ¿Quieren servir con nosotros?"».

Y así, el 9 de mayo del 2017, se reunieron con sus invitados, incluyendo más de doscientos de sus amigos indigentes. Todos disfrutaron de una excelente comida, un culto de adoración y una ceremonia emocionante. Sabiendo que para los indigentes una rebanada del pastel de bodas significaba que ellos eran verdaderamente invitados que importaban, Kim y Scotti se aseguraron de que cada uno recibiera tanto del pastel de bodas como quisieran. Cuando a Kim y Scotti se les declaró marido y mujer, recorrieron cada pasillo y saludaron a todos los invitados individualmente.

Nadie que asistió a esa ceremonia permaneció sin conmoverse o ser transformado. ¿Por qué? Porque Kim y a Scotti tomaron el amor que llenaba sus corazones cuando servían a los indigentes y lo devolvieron, concediéndolo en abundancia y de manera permanente a cada uno de los invitados a su boda.

¿QUÉ ES EL AMOR?

¿Hay una palabra más compleja que *amor*? Pienso que no. Hablamos de amar a Dios, amar el deporte, amar la cocina, recibir amor, dar amor y hacer el amor. En la iglesia cantamos que el amor de Dios es «mucho más de lo que la lengua o la pluma pueden jamás decir».

Luego nos subimos al coche y nos dirigimos a casa, con la radio encendida, escuchando canciones en cuanto al amor: amor egoísta y egocéntrico; amor unilateral, sin esperanza; engaño y crueldad enmascarados como amor; y de vez en cuando acerca de un amor maduro, centrado en otros, que resiste la prueba del tiempo.

¡Con razón damos por garantizada la palabra *amor*! Estamos obsesionados con el amor y, sin embargo, en el mundo que nos rodea rara vez presenciamos u oímos sobre lo que es verdaderamente el amor.

Si el amor verdadero resulta tan poco familiar, ¿por qué la gente escribe, habla, envía mensajes y canta tanto sobre el amor?

Esto se debe a que hay un vacío en el corazón humano. Estamos desesperados por experimentar el amor genuino. Dentro de las relaciones más estrechas, y en nuestras interacciones diarias con otras personas, cada uno de nosotros necesita sentir seguridad, necesita afecto y comunión, todo lo cual son formas del amor. El amor es el oxígeno del alma; tenemos que tenerlo. Lo primero que un infante necesita al nacer es que lo abracen con ternura, sentirse amado literalmente. Esta manifestación de amor trae toda una vida de bendiciones.

La Biblia tiene mucho que decir en cuanto al amor. En la Nueva Versión Internacional de la Biblia en inglés la palabra *amor* aparece quinientas sesenta y siete veces. Desde el libro de Génesis al libro de Apocalipsis, la historia de la Biblia es el relato del amor incondicional e incesante de Dios por la humanidad. El amor es el cimiento de todo lo bueno; por eso lo escogí para que fuera el primer capítulo de este libro. Muy sencillamente, el amor es lo que hace posible toda otra parte de una vida más que maravillosa.

El amor que aparece al inicio de casi cada lista de virtudes en la Biblia no es simplemente el amor de Dios por nosotros, sino también nuestro amor por los demás. Convertirse a Cristo quiere decir que el amor de Dios es derramado en el corazón de uno; crece en nosotros tal como las uvas crecen en una vid, porque el fruto del Espíritu es amor.

Este amor no es simplemente una sensación espiritual. Este amor se pone guantes de trabajo y atiende los detalles cotidianos de la vida. Es altamente práctico. Abraza al solitario, da de comer al que tiene hambre, atiende al enfermo, consuela al afligido y soporta al insufrible. Es bondadoso y paciente, puro y perceptivo, positivo en su perspectiva. Es verdaderamente el ingrediente clave de una vida más que maravillosa.

LA FORMA MÁS ELEVADA DE AMOR

Hasta que Jesús vino a la tierra, esta clase de amor era desconocido. El concepto que el mundo tenía del amor era egocéntrico, un amor que exigía algo en pago. No obstante, cuando Dios envió a su Hijo como una dádiva de amor a este mundo, su amor especial enfocado en otros fue puesto en exhibición para que todos lo vieran. Y este amor resultó tan diferente a todo lo que cualquiera hubiera visto antes que se le dio un nombre especial. Se le llamó *ágape*.

Ágape significa amor incondicional, divino, la clase de amor que Dios muestra hacia la humanidad. En el corazón del amor *ágape* está el sacrificio. No se trata del amor súbito e impulsivo que vemos en la televisión y las películas. Es el tipo de amor que razona, valora y elige. *Ágape* constituye la forma más alta del amor que toda persona quiere recibir pero que pocos parecen estar listos para dar debido a que incluye el sacrificio.

La mayoría de nosotros conocemos el cuento de «La bella y la bestia», pero lo que usted tal vez no haya considerado es la clase de amor que describe. El cuento de hadas del siglo dieciocho habla de un joven príncipe muy apuesto al que un hada lo vuelve horrible después de que él se negara a darle hospitalidad durante una tempestad. Atrapado en la forma de una bestia horrorosa, vive solo, desesperado por evitar la repulsión en las caras de los que lo ven. La bestia puede ser restaurada a su forma original solo si alguien lo ama verdaderamente, a pesar de su apariencia horrible. Un día, Bella aparece, y con el tiempo le ofrece esa clase de amor redentor y transformador.

G. K. Chesterton escribió que la gran lección del cuento «La bella y la bestia» es que «una cosa debe ser amada antes de que sea digna del amor».[1]

Este es un ejemplo maravilloso y familiar del *ágape* de Dios, la forma más elevada del amor. Nuestro pecado nos hace indignos del amor, sin embargo, Dios ve debajo a la persona que creó. Cuando nos abrimos a Su amor, eso nos transforma de nuevo en lo que se supone que debemos ser.

Una de las mejores definiciones del amor *ágape* que he leído es esta: «Es el poder de avanzar hacia otra persona sin esperar recompensa».[2]

¿No sería asombroso si los cristianos estuvieran tan obsesionados por la clase de amor de Dios como la sociedad lo está con el concepto que el mundo tiene del amor? En este capítulo aprenderemos mucho acerca del amor de Dios por nosotros, y veremos cómo ese amor es la clave para que nos amemos unos a otros.

EL MANDAMIENTO DE AMAR

Escuché sobre una adolescente a la que se le preguntó qué pensaba del amor y ella respondió: «El amor es un sentimiento que sientes cuando sientes que lo que tú sientes es un sentimiento que no has sentido nunca antes». Así es como la mayoría de nosotros pensamos del amor; como un sentimiento. Un sentimiento es algo que nos sucede por casualidad, causado por circunstancias más allá de nuestro control. No podemos decidir a quién amamos... y por extensión, a quién *no* amamos.

Sin embargo, en la Biblia el amor no es simplemente un sentimiento. No es solo una opción entre muchas. Es un mandamiento. Jesús dijo: «Un *mandamiento* nuevo os doy: Que os améis unos a otros» (Juan 13.34) y «Este es mi *mandamiento*: Que os améis unos a otros, como yo os he amado» (Juan 15.12).

Una y otra vez en el Nuevo Testamento al pueblo de Dios se le ordena amar, en diferentes contextos y diferentes escenarios, como padres, hijos e individuos. Y en trece ocasiones a los cristianos se les manda a «amarse unos a otros». ¿Por qué es eso? No deberíamos necesitar que se nos ordene que amemos a nuestros hermanos y hermanas en Cristo; eso debería simplemente brotar de manera natural, ¿verdad? ¿Y quién va a saber en realidad si *no* nos amamos unos a otros? Por supuesto, Dios lo sabría, pero la Biblia dice que el mundo también lo sabrá. «En esto conocerán todos que sois mis discípulos, si tuviereis amor los unos con los otros» (Juan 13.35).

El mundo está observándonos, esperando para ver si este asunto de Jesús en realidad produce un cambio. Y cuando el mundo percibe hipocresía, se aprovecha.

¿Cómo sabemos si verdaderamente nos amamos unos a otros? Porque el amor no tiene que ver con lo que *sentimos* por otros; es cuestión de lo que *hacemos* por otros. El verdadero poder del amor se halla en las actitudes y acciones desinteresadas que procuran lo mejor para la otra persona sin esperar nada en pago. Siempre que actuamos de esa manera, el sentimiento de amor le sigue de cerca.

Cuando el apóstol Juan registró la acusación de Jesús contra la iglesia de Éfeso en Apocalipsis 2, vemos este concepto obrando: «Pero tengo contra ti, que has dejado tu primer amor» (v. 4).

Esta iglesia dinámica del primer siglo había empezado con gran pasión por el Señor Jesús y una fuerte resolución de causar un impacto en su ciudad. En el camino, algo sucedió. Su pasión se redujo, y desarrollaron indiferencia hacia el Señor y sus propósitos para la vida.

¿Qué solución ofreció Jesús? Entre otras cosas, les dijo que volvieran y hicieran «las primeras obras» (v. 5). Se les indicó que volvieran a las acciones de su experiencia anterior y, al hacerlo, recuperarían su pasión. En otras palabras, *actúen* como si estuvieran llenos de pasión por el Señor, *actúen* como si estuvieran decididos a causar un impacto en su ciudad por el amor de Jesucristo.

El mundo constantemente nos exhorta a que sigamos nuestro corazón. Lo que en realidad quieren decir es que sigamos nuestras emociones. No obstante, la clase de amor de Dios —*ágape*— no sigue los sentimientos. Los dirige por medio del ejemplo. Amar es un verbo. Este conlleva una acción. Guía nuestros corazones y cambia las vidas.

En su libro *Caring and Commitment* [Interés y compromiso], Lewis Smedes relata la experiencia del amor de James Ettison por su esposa, Alicia:

Se casaron y se establecieron cómodamente [...] en medio de la felicidad. No obstante, como dos años más tarde, en una noche fría de noviembre antes de que la nieve cayera, el auto de Alicia patinó en una capa invisible de hielo que se había formado debajo de un puente en un sector de una carretera con circulación en doble sentido y fue a estrellarse de frente, a toda velocidad, contra un coche que venía en dirección contraria.

Alicia sobrevivió. Después de estar al borde de la muerte por un año, dio señales de vida de nuevo y vivió. Sin embargo, nunca fue la misma. Estaba casi completamente paralizada de la cintura para abajo. Su memoria era esporádica y selectiva, y pronunciaba sonidos que James tuvo que aprender a traducir de la manera en que una persona aprende un nuevo idioma. Conforme los meses se convertían en años, el pasado lentamente volvió a brincos y saltos a la memoria de Alicia, lo que de alguna manera hizo la vida más difícil para ella, porque se volvió mucho más consciente de sus otras limitaciones. Las sobrellevaba con una sonrisa de ángel la mayor parte del tiempo, pero de forma impredecible, de la nada, a veces por semanas seguidas, la agobiaba la depresión.

James renunció a su trabajo como agente viajero justo después del accidente, consiguió un empleo cerca de casa, convirtió el cuidado de Alicia en su vocación casi a tiempo completo [...] Nadie jamás oyó una palabra de desaliento de su parte [...]

Alicia murió como quince años después de esa noche terrible de noviembre y alguien le preguntó a James cómo había hecho todo tan pacientemente cuando había recibido tan poco de todo lo que había esperado que Alicia le diera. Él dijo que nunca había pensado en pedir, aunque algunas veces le había preguntado a Dios por qué Alicia estaba aferrada a la vida y no recibió nada por su esfuerzo.

No obstante, al insistirle un poco, dijo: «¡Simplemente la amaba!».[3]

UN DON QUE REQUIERE UN ARDUO TRABAJO

El concepto de amor presenta una pregunta seria para los que seguimos a Cristo. ¿Es este amor una dádiva de Dios que recibimos cuando experimentamos la salvación o es algo cuyo desarrollo es responsabilidad nuestra después de que creemos? La respuesta a ambas preguntas es sí. Sí, el amor es una dádiva de Dios que nos imparte el Espíritu Santo:

- «El amor de Dios ha sido derramado en nuestros corazones por el Espíritu Santo que nos fue dado» (Romanos 5.5).
- «Porque no nos ha dado Dios espíritu de cobardía, sino de poder, de amor y de dominio propio» (2 Timoteo 1.7).

Y, sí, los cristianos son llamados a cultivar el amor con determinación y diligencia.

Pablo resume las palabras de 1 Corintios 13 diciendo: «Y ahora permanecen la fe, la esperanza y el amor, estos tres; pero el mayor de ellos es el amor» (v. 13). Debido a la división de capítulos que hallamos en las Biblias modernas (añadidas en el siglo trece para facilitar el uso), damos por sentado en este punto que Pablo ha terminado su consideración sobre el amor, pero no es así.

¿Las primeras palabras del capítulo 14?

«Seguid el amor».

Tres palabras sencillas que resumen una de las asignaciones más arduas que se nos ha dado como seguidores de Cristo.

Amar a las personas es casi lo más difícil que algunos de nosotros hacemos. Podemos ser pacientes con las personas, e incluso justos y caritativos; no obstante, ¿cómo se supone que debemos invocar en nuestros corazones ese sentimiento cálido y vibrante de buena voluntad que el Nuevo Testamento llama «amor»? Algunas personas son muy desdichadamente imposibles de amar. Aquel individuo pestilente con la desagradable tos que se sienta al lado suyo en el tren, poniéndole el periódico en la cara, aquellos groseros patanes en el barrio con el perro que ladra sin parar, aquel lisonjero mentiroso que se aprovechó de usted tan completamente la semana pasada; ¿por qué magia se supone que uno debe sentir hacia esas personas otra cosa que no sea repulsión, desconfianza y resentimiento, y un deseo justificado de no tener nada que ver con ellas?[4]

Sin embargo, el mandamiento no es ambiguo. Somos llamados a amar. «Aquí tenemos un ejemplo primordial de eso que parece paradoja que se levanta en el centro de la vida cristiana [...] El fruto siempre es un don, pero, aun así, requiere un trabajo arduo».[5]

Puesto que el amor es tanto un don como una tarea, ¿cuál es la tarea que tenemos que hacer si deseamos vivir esta vida más que maravillosa? ¿Cómo podemos llegar a ser personas con más amor?

BUSQUE EL AMOR GENUINO

Henry Drummond predicó un mensaje clásico sobre el amor titulado «La cosa más grande del mundo», en el cual dijo: «Si un pedazo de hierro ordinario se pega a un imán y se le deja allí, después de un tiempo el magnetismo del imán pasa al hierro, así que también se vuelve un imán».[6] Conforme nos mantenemos unidos a Jesús, su amor pasará a nosotros y a otros.

Cuando recibimos el amor de Dios en nuestros corazones, eso crea un reservorio de amor del que podemos echar mano cuando necesitamos amar a alguien. ¡En otras palabras, amamos a otros con el mismo amor con el que nosotros hemos sido amados!

Ese reservorio de amor es puro, y cuando hacemos «las primeras cosas» y actuamos como si amáramos, eso llena nuestros corazones. Actuar como si amáramos a otros y luego sinceramente abrirnos para que nos llene el amor puro de Dios es diferente a simplemente pretender amar a todos. No finja amor para decirse luego que ha amado. Esa clase de amor no es lo que Dios requiere de nosotros; Él lo ve todo con claridad, aunque por nuestra parte estemos ciegos a ello.

Con ironía el pastor Ray Ortlund escribe:

> Los hermosos mandamientos «unos a otros» del Nuevo Testamento son famosos. Pero también es asombroso notar los «unos a otros» que no aparecen allí.
>
> Por ejemplo, santifíquense unos a otros, humíllense unos a otros, escudríñense unos a otros, presiónense unos a otros, abochórnense unos a otros, arrincónense unos a otros, interrúmpanse unos a otros, derrótense unos a otros, sacrifíquense unos a otros, avergüéncense unos a otros, margínense unos a otros, exclúyanse unos a otros, júzguense unos a otros, entremétanse los unos en las vidas de otros, confiésense los unos los pecados de los otros [...]
>
> Nuestras relaciones —unos con los otros— nos revelan lo que realmente creemos a diferencia de lo que *pensamos* que creemos, nuestras convicciones a diferencia de nuestras opiniones. Es posible que el evangelio permanezca en el nivel superficial de la opinión, incluso opinión sincera, sin penetrar al nivel más profundo de la convicción. No obstante, cuando el evangelio nos atrapa profundo en nuestras convicciones, abrazamos de todo corazón sus implicaciones. Por consiguiente, cuando nos maltratamos unos a otros, nuestro problema no es una falta de cortesía superficial, sino una falta de profundidad del evangelio. Lo que necesitamos no es solo mejores modales, sino mucha más fe verdadera.[7]

Es obvio que esto fue un problema en la era del Nuevo Testamento tanto como lo es hoy. Los escritores de las epístolas constantemente enfatizaban la importancia de la autenticidad en las relaciones mutuas de los creyentes.

- «Habiendo purificado vuestras almas por la obediencia a la verdad, mediante el Espíritu, para *el amor fraternal no fingido*, amaos unos a otros entrañablemente, de corazón puro» (1 Pedro 1.22).
- «Pero el que tiene bienes de este mundo y ve a su hermano tener necesidad, y cierra contra él su corazón, ¿cómo mora el amor de Dios en él? Hijitos míos, *no amemos de palabra ni de lengua, sino de hecho y en verdad*» (1 Juan 3.17, 18).
- «Pues el propósito de este mandamiento es *el amor nacido de corazón limpio, y de buena conciencia, y de fe no fingida*» (1 Timoteo 1.5).

REFLEXIONE EN EL AMOR DE DIOS POR USTED

El apóstol Juan escribió: «En esto hemos conocido el amor, en que él puso su vida por nosotros; también nosotros debemos poner nuestras vidas por los hermanos [...] Amados, si Dios nos ha amado así, debemos también nosotros amarnos unos a otros» (1 Juan 3.16; 4.11).

El 22 de octubre de 2007, la primera medalla de honor otorgada por combatir en Afganistán fue presentada a la familia del teniente Michael Murphy, un SEAL de la Marina que dio su vida a fin de hacer una llamada por radio para ayudar a su equipo. Murphy, que todavía no había cumplido los treinta, fue solo el cuarto SEAL de la Marina que ganó la medalla de honor desde la Guerra de Vietnam.

En junio de 2005, Murphy y otros tres SEAL salieron en una misión por las escabrosas montañas de Afganistán para buscar a un conocido terrorista. Encontraron a unos nativos que se lo reportaron a los talibanes. El equipo de Murphy fue emboscado por docenas de tropas enemigas que los rodearon por los tres lados y los obligaron a refugiarse en una zanja. Pronto los cuatro hombres resultaron heridos. «Estábamos heridos», dijo el único sobreviviente del equipo, el suboficial Marcus Luttrell. «Se nos acabaron las municiones y [...] las cosas estaban mal, realmente mal».

Murphy fue de un hombre a otro a fin de mantener unido a su equipo, aunque él mismo tenía que exponerse al fuego enemigo para hacerlo. Entonces, debido a que el terreno montañoso bloqueaba la comunicación, tomó la decisión de salir a un espacio abierto para llamar pidiendo ayuda. Aunque herido ya, y a pesar del fuego que llegaba, proveyó la ubicación de su unidad e información en cuanto a las fuerzas enemigas. Mientras hacía la llamada, recibió otros dos disparos y dejó caer el auricular, pero se las arregló para recuperarlo y terminó la llamada. Incluso dijo «gracias» al final de la transmisión.[8]

El cabo Luttrell sobrevivió a la andanada de disparos porque la explosión de una granada lo lanzó por encima del risco y quedó inconsciente. Cuando volvió en sí, se escondió en una grieta de la peña, deteniendo con lodo el sangrado de las heridas. Casi una semana después, luego de haber sido encontrado por unos aldeanos que se negaron a entregarlo a los talibanes, fue rescatado.

Marcus Luttrell volvió a su país decidido a contar el episodio de ese día. Su libro, *Lone Survivor* [Único sobreviviente] fue llevado al cine en una película con el mismo nombre, asegurando que el teniente Michael Murphy y el resto de su equipo nunca caigan en el olvido.

Hay solo un símbolo que conozca mayor que la medalla de honor y es la cruz del Calvario. Por un momento, use su imaginación para considerar lo similar que es nuestro dilema al de la escuadra de Murphy, atrapado por el enemigo, en inferioridad numérica, herido y enfrentando probabilidades abrumadoras. Sin embargo, un hombre, Jesús, se levantó y abrió sus brazos y nos salvó.

Hace años, cuando mi esposa y yo estuvimos en Londres, visitamos algunos de los grandes templos de la ciudad. Cuando salíamos de la Catedral de San Pablo, vi una estatua en un anexo que nunca he olvidado. Era una enorme representación de Jesucristo retorciéndose angustiado en la cruz, con intenso dolor en su cara y sangre chorreando por su cuerpo. Debajo hay una placa que dice: «Así es como Dios amó al mundo».

Solo cuando entendemos cuánto nos amó Dios podemos amarnos unos a otros como se nos ha ordenado. Dios nos llama para que seamos imitadores de su amor: «Sed, pues, imitadores de Dios como hijos amados. Y andad en amor, como también Cristo nos amó, y se entregó a sí mismo por nosotros, ofrenda y sacrificio a Dios en olor fragante» (Efesios 5.1, 2).

ORE POR UN AMOR MAYOR

Una de las cosas más productivas que podemos hacer para procurar una vida más que maravillosa es leer las oraciones de Pablo por las iglesias con las cuales se relacionó. Él no oraba por mayor asistencia, aumento en las ofrendas y ni siquiera por más personas convirtiéndose a Cristo. Cuando examinamos sus oraciones descubrimos algo mucho más desafiante.

Por ejemplo, a los creyentes en Filipos les dijo: «Y esto pido en oración, que vuestro amor abunde aun más y más en ciencia y en todo conocimiento» (Filipenses 1:9).

Y por los creyentes en Éfeso, esta fue su oración: «Que [Dios] os dé, conforme a las riquezas de su gloria, el ser fortalecidos con poder en el hombre interior por su Espíritu; para que habite Cristo por la fe en vuestros corazones, a fin de que, arraigados y cimentados en amor, seáis plenamente capaces de comprender con todos los santos cuál sea la anchura, la longitud, la profundidad y la altura, y de conocer el amor de Cristo, que excede a todo conocimiento, para que seáis llenos de toda la plenitud de Dios» (Efesios 3.16–19).

En 1 Corintios 11.1, Pablo insta a sus lectores a que lo imiten. Nosotros también debemos orar por un amor mayor, ya sea que estemos elevando esa oración por otros o por nosotros mismos. Es el deseo de Dios que todos continuemos creciendo en nuestra capacidad de amarnos unos a otros. Le aseguro que esta es una oración que Dios con toda certeza contestará.

Habiendo sido pastor por casi cincuenta años, también puedo asegurarle que siempre habrá personas que someterán a prueba su capacidad de amar. Algunos son más difíciles de amar que otros. Este es un punto importante que recordar: no se trata de que las personas tienen que gustarle, sino de que usted tiene que amarlas tal como Cristo le dice que lo haga. Amar a esas personas es una decisión que uno toma. Y una vez que toma esa decisión, entonces hace buenas cosas por ellas, porque así es como expresa su amor.

En cierta ocasión fui en mi auto por la ventanilla de servicio de una hamburguesería cerca de nuestra iglesia. No me di cuenta de que cuando estaba colocándome en la fila, otra mujer entraba al mismo tiempo. Cuando ella bajó la ventana de su vehículo y empezó a lanzarme palabrotas, capté el mensaje fuerte y claro.

Todos sabemos lo que es que nos griten furiosamente por algo que hicimos de forma accidental. Así que cuando llegué a la ventanilla, sabía que tenía que hacer algo para cerrar este incidente de una manera positiva. De modo que le dije a la cajera que quería pagar por la comida de la mujer que venía en el auto detrás del mío. Ciertamente, de inmediato me sentí mejor. No tengo idea de si la mujer se sintió mejor, pero sé que yo sí.

En otro momento el gerente de una estación de radio que transmitía nuestro programa me llamó y me dijo que iba a cancelar mi programa para ocupar el espacio con el programa de alguien más. Los detalles no importan, pero simplemente no fue una decisión justa o buena, y eso me fastidió. Sabía que necesitaba actuar para aliviarme de la carga que eso estaba poniendo en mi corazón. Así que le pedí a Dios dirección y Él me mostró lo que debía ser.

Habíamos pagado de antemano por el tiempo que nos daban, por lo que algo de ese dinero todavía estaba en mi cuenta en esa estación de radio. Llamé a la estación y les dije que no me devolvieran el dinero, sino que lo depositaran en la cuenta del otro hombre para pagar por su tiempo.

Tan pronto como hice eso, todo el incidente quedó ahí. Se acabó. Puse punto final al asunto, volteé la página y lo dejé atrás.

La Biblia dice que cuando otros nos tratan mal, se supone que debemos amarlos, orar por ellos, bendecirlos y hacer buenas cosas a su favor. Si no puede hacerlo porque lo desea, entonces debe hacerlo porque es obediente.

De manera interesante, el episodio no termina allí. Como seis meses más tarde, el gerente de la estación de radio llamó de nuevo. Volvería a ponernos en el aire e incluso en un horario mejor. ¡Y ese nuevo horario nos fue mucho mejor que antes!

AME A SUS ENEMIGOS

Las personas difíciles y desagradables son una cosa. Un enemigo es algo muy diferente.

Esta puede ser una de las cosas más difíciles que somos llamados a hacer en esta vida, pero Jesús —de manera muy clara— nos ordena amar a nuestros enemigos. «Oísteis que fue dicho: Amarás a tu prójimo, y aborrecerás a tu enemigo. Pero yo os digo: Amad a vuestros enemigos, bendecid a los que os maldicen, haced bien a los que os aborrecen, y orad por los que os ultrajan y os persiguen; para que seáis hijos de vuestro Padre que está en los cielos, que hace salir su sol sobre malos y buenos, y que hace llover sobre justos e injustos» (Mateo 5.43–45).

Si usted todavía duda del hecho de que el amor es una acción, considere este versículo. Jesús nos dice que amemos a nuestros enemigos y luego nos explica cómo: bendíganlos, háganles el bien y oren por ellos. Así es como uno ama a un enemigo.

Para la mente natural parece que esto es llevar el amor un paso demasiado lejos. ¿Cómo puede usted amar a personas que están socavando los valores que considera preciados? ¿Cómo puede amar a la persona que mintió sobre usted para quedar bien? ¿O a la persona que se apropió de su idea y recibió una promoción por ello? ¿O a la persona que se robó su identidad, molestó sexualmente a su hija o asesinó a su hijo?

Es aquí cuando verdaderamente debemos ser condescendientes con nosotros mismos y muy claros en cuanto a lo que Dios nos está pidiendo que hagamos. No se nos pide que abandonemos nuestros sentimientos; se nos pide que bendigamos y oremos que Dios obre en la vida de nuestros enemigos. No se nos pide que nos expongamos a nosotros mismos o a otros a estas personas, sino solo que oremos, los bendigamos y les hagamos el bien. Después de todo, muchos de estos que nos hacen daño no se han arrepentido, e incluso pueden ser todavía un peligro o una amenaza para nosotros u otros de alguna manera.

Esta es una enorme tarea y puede parecer imposible. Y por eso tenemos ejemplos en la Biblia de personas que obedecieron este mandamiento.

Jesús dio el ejemplo máximo al entregar su vida en la cruz por los mismos que exigieron y llevaron a cabo su ejecución, y luego al decir desde la cruz: «Padre, perdónalos, porque no saben lo que hacen» (Lucas 23.34). Y sus seguidores tomaron muy en serio ese ejemplo.

Cuando a Esteban lo estaban apedreando hasta matarlo por predicar el evangelio, también le pidió a Dios que perdonara a sus verdugos: «Y puesto de rodillas, clamó a gran voz: Señor, no les tomes en cuenta este pecado» (Hechos 7.60).

El apóstol Pablo pasó su vida adulta como siervo del evangelio y fue golpeado, azotado, reprendido y menospreciado por eso. «Nos maldicen, y bendecimos; padecemos persecución, y la soportamos. Nos difaman, y rogamos» (1 Corintios 4.12, 13). En su Carta a los Romanos señala: «Así que, si tu enemigo tuviere hambre, dale de comer; si tuviere sed, dale de beber; pues haciendo esto, ascuas de fuego amontonarás sobre su cabeza. No seas vencido de lo malo, sino vence con el bien el mal» (Romanos 12.20, 21).

Durante la revolución estadounidense, un pastor llamado Peter Miller enfrentó oposición y humillación de parte de Michael Whitman, un hombre de mente perversa que hizo todo lo posible para suprimir el evangelio. Un día apresaron a Whitman por traición y lo sentenciaron a muerte. En lugar de lanzar un suspiro de alivio por las noticias, Peter Miller viajó cien kilómetros a pie para rogar por la vida de su enemigo. Cuando el general George Washington escuchó la súplica por primera vez, le dijo a Miller que no le concedería la vida a su amigo. Ante eso el pastor se puso de pie. «¡Mi amigo!», exclamó. «¡Michael Whitman no es mi amigo, sino mi más acérrimo enemigo!». Washington cambió de parecer y le concedió el perdón. Peter Miller estaba actuando exactamente de la forma en que Jesús nos llamó a actuar. Estaba amando a su enemigo, no por lo que sentía hacia el hombre, sino por lo que hizo por él.[9]

NO TENGA MIEDO A ARRIESGARSE

Una de las razones que algunos dan para no amar a otros es que no quieren que los lastimen. Hablan de ocasiones en las que amaron y fueron lastimados en pago. «Jamás volveré a confiar en alguien», dicen. «Nunca voy a permitir que alguien me haga daño otra vez».

Si usted ha experimentado rechazo o ha acompañado a otros a atravesarlo, entiendo su decisión de nunca volver a arriesgarse. Sin embargo, lea esto antes de tomar esa decisión.

> Amar, de cualquier manera, es ser vulnerable. Basta con que amemos algo para que nuestro corazón, con seguridad, se retuerza y, posiblemente, se rompa. Si uno quiere estar seguro de mantenerlo intacto, no debe dar su corazón a nadie, ni siquiera a un animal. Hay que rodearlo cuidadosamente de caprichos y de pequeños lujos; evitar todo compromiso; guardarlo a buen recaudo bajo llave en el cofre o en el ataúd de nuestro egoísmo. Pero en ese cofre —seguro, oscuro, inmóvil, sin aire— cambiará, no se romperá, se volverá irrompible, impenetrable, irredimible [...] El único sitio, aparte del cielo, donde se puede estar perfectamente a salvo de todos los peligros [...] del amor es el infierno.[10]

En el año 2009, Lisa Fenn era una productora de programas televisivos de la cadena ESPN que buscaba una buena crónica. La halló cuando conoció y filmó a dos jóvenes luchadores de la escuela secundaria Lincoln West de Cleveland. Siete años después escribió acerca de lo que llegó a ser una experiencia que cambió su vida.

Dartanyon Crockett era el luchador de mayor talento en aquel colegio. Ganador en varias categorías de peso, Dartanyon era también indigente y legalmente ciego. Cuando Lisa lo conoció, subsistía con los palitos de queso rancio y manzanas estropeadas que servían en los almuerzos en la cafetería.

Encaramado en la espalda de Dartanyon —sí, montado en su espalda— estaba su compañero de lucha Leroy Sutton. Leroy se movía así porque no tenía piernas y el colegio no contaba con un ascensor. Cuando tenía once años lo atropelló un tren de carga. Los paramédicos le salvaron la vida, pero perdió su pierna izquierda —que fue amputada más abajo de la rodilla— y la pierna derecha (amputada por debajo de la cadera).

Lisa filmó a los dos muchachos y su mundo por cinco meses. Más tarde, al editar su crónica, «Adelante», ella «oró que por lo menos un televidente se conmoviera para ayudar a los muchachos de alguna manera significativa».

Su oración fue contestada. Televidentes de todo el mundo se conmovieron con los muchachos, por lo que los correos electrónicos llenaron su buzón de entrada ofreciendo ayuda.

Y fue entonces cuando el amor se hizo cargo. Lisa personalmente respondió a los casi mil correos electrónicos. Administró los donativos, las invitaciones para conferencias, formularios de ayuda financiera, visitas a las universidades, todo mientras se aseguraba de que Dartanyon y Leroy finalmente pudieran comer a diario. La generosidad de los televidentes de la cadena ESPN hizo posible que Leroy fuera a Arizona para estudiar diseño de juegos de vídeos en la universidad Collins. Llegó a ser no solo el primero de su familia que se graduó de la secundaria, sino también el primero que obtuvo su título universitario.

La atención llevó a Dartanyon a una clase diferente de entrenamiento: en mayo de 2010, los entrenadores lo invitaron a vivir en el Centro de Entrenamiento Olímpico, en Colorado Springs, a fin de aprender el deporte paralímpico de judo. Allí tendría refugio, deportes, mentores, estudios, atención médica y, como con orgullo le mostró a Lisa cuando ella visitó Colorado, su primera cama.

Contra todas las probabilidades, Dartanyon se ganó su lugar en el equipo paralímpico de 2012 que fue a los Olímpicos de Londres. Y allí ganó la medalla de bronce. Cuando colgaron la medalla en el cuello de Dartanyon, Leroy y Lisa estaban allí para verlo.

«Cosas como estas no les suceden a muchachos como nosotros», gimió esa noche inimaginable, con su cara reluciendo por el bronce y sus lágrimas empapando el hombro de Lisa.

«Y tiene razón», escribió Lisa. «Muchachos ciegos y sin piernas de los guetos no reciben educación universitaria y galardones relucientes, pero deberían. Y es por eso que los apoyé. Porque la esperanza, el amor, el regocijo y la redención pueden sucederles a chicos como ellos».

Durante una visita al oculista en el año 2009, Dartanyon incluyó a Lisa en el formulario de consentimiento a fin de que ella pudiera tener acceso a su historial si fuera necesario. Más tarde Lisa recibió una llamada de la administradora del consultorio. «Pensé que deberías saber lo que Dartanyon escribió hoy en su formulario de consentimiento», dijo. «Junto a tu nombre en el formulario de consentimiento, en el espacio que dice "relación con el paciente", Dartanyon escribió "ángel de la guarda"».[11]

¿Por qué Lisa Fenn se involucró en las vidas de estos muchachos cuando fácilmente podría haber seguido adelante? Se quedó con ellos porque los amaba.

PRACTIQUE EL AMOR TODOS LOS DÍAS

Tal como aprendemos a andar paso a paso, aprendemos a amar una vez tras otra. No podemos convertirnos en personas que aman haciendo una acción gigantesca de amor. Aprendemos a amar incorporando el amor a todas las pequeñas cosas que hacemos. «Y todo lo que hagan, háganlo con amor» (1 Corintios 16.14, DHH).

Pensamos que darle todo al Señor es como tomar un billete de mil dólares y ponerlo sobre la mesa: «Aquí está mi vida, Señor. Te la doy por entero».

No obstante, la realidad para la mayoría de nosotros es que él nos envía al banco y hace que cambiemos los mil dólares en monedas de veinticinco centavos. Vamos por la vida poniendo veinticinco centavos aquí, cincuenta centavos allá. Escuchando los problemas del hijo del vecino en lugar de decirle: «Esfúmate». Yendo a una reunión de un comité. Dándole un vaso de agua a un anciano tembloroso en un asilo.

Por lo general, darle nuestra vida a Cristo no es glorioso. Es algo que se hace en todas aquellas pequeñas acciones de amor, veinticinco centavos a la vez.[12]

Preferiríamos hacer una cosa grande y se acabó; y tal vez recibir una palmadita en la espalda en pago (veremos más en cuanto a eso en el capítulo 8, cuando descubramos la vida de humildad). Sin embargo, como veremos, la vida más que maravillosa no es llamativa. Se vive de maneras pequeñas, cotidianas, en el curso de toda una existencia.

Amados, amémonos unos a otros; porque el amor es de Dios.
Todo aquel que ama, es nacido de Dios, y conoce a Dios.

—1 JUAN 4.7

CAPÍTULO 2

UNA VIDA DE GOZO

El gozo es la bandera que ondea en el castillo
del corazón cuando el Rey está ahí.

Gretchen Rubin vivía lo que cualquiera llamaría una buena vida. Tenía un esposo guapo, cariñoso, dos hijas encantadoras, excelentes relaciones con su familia y sus amigos, una carrera exitosa, una casa cómoda y buena salud. Sin embargo, a pesar de todo eso, a menudo se sentía furiosa, melancólica, insegura, intranquila, culpable e indebidamente fastidiada por pequeños contratiempos.

Un día lluvioso, mientras iba en un autobús por la ciudad, Gretchen miró hacia afuera por la ventana empañada y se dio cuenta de que se encontraba atrapada en una máquina de trotar. La vida se le estaba escapando y no la disfrutaba. No se trataba de que estuviera deprimida, ni era la crisis de la mediana edad. Sentía un profundo descontento porque algo esencial le faltaba. Al contemplar hacia afuera por la ventana salpicada de agua, se preguntó: *¿Qué quiero de mi vida, después de todo?* La respuesta le llegó: *Pues bien... quiero ser feliz.*

El temor oprimió a Gretchen; el temor de que nunca hallaría la felicidad. *Los días son largos, pero los años son cortos,* pensó. *El tiempo está pasando y no me estoy concentrando lo suficiente en las cosas que importan en realidad.* ¿Qué cambios podría realizar para hallar las piezas faltantes del rompecabezas? Era algo que tenía que hacer. Decidió pasar un año remodelando su vida de maneras que la sacarían de su malestar y le traerían la felicidad que le faltaba.

Es natural que las personas batallen con la felicidad frente a una desilusión o pérdida, pero muchos de nosotros somos como Gretchen Rubin. No estamos enfrentando dificultades serias e incluso tal vez hayamos sido bendecidos con amor, familia, buenas casas y buenos trabajos... todas las cosas que al sumarse suponen una vida buena. No obstante, la felicidad real nos elude. La vida avanza arrastrando los pies, día tras día. Los hábitos se convierten en rutinas y el mero hecho de lo común de la vida nos arrastra a un sentimiento de malestar. No experimentamos una desdicha real, pero tampoco experimentamos un gozo real.

La búsqueda de Gretchen Rubin de la felicidad la llevó a filósofos, autores famosos y gurús populares. Leyó a Platón, Montaigne, Thoreau, Bertrand Russell, Oprah, el Dalai Lama, Buda, Tolstoi y Virginia Woolf. Su conclusión fue que podemos edificar la felicidad en nuestras vidas mediante conductas y actitudes como disciplina, apuntar alto, buenos hábitos, perspectiva positiva, pasión, contemplación y disposición a sentir contentamiento.

Gretchen escribió acerca de su jornada en su exitoso libro *Objetivo: felicidad.* ¡Claramente, puso el dedo en una llaga, porque su libro pasó dos años en la lista de éxitos de librería del *New York Times*![1]

¿Qué es este malestar que nos afecta a tantos? Pienso que es más que simplemente la ausencia de felicidad. Estoy convencido de que es la ausencia del gozo que brota de una relación profunda con Dios. El Señor quiere que nos regocijemos en Él, y lo que nos ha prometido trasciende cualquier otra cosa: Dios nos ha prometido gozo.

En toda la Biblia las palabras *felicidad* y *gozo* se usan casi de manera intercambiable. No obstante, en la práctica cristiana, cuando procuramos alcanzar el fruto del Espíritu, el gozo imparte un cambio interno permanente del corazón, la mente y el alma. Está bien y es bueno, incluso saludable, buscar la felicidad, pero es indescriptible experimentar el gozo del amor de Jesucristo.

DIFERENCIA ENTRE LA FELICIDAD Y EL GOZO

En la comedia *Cool Runnings* [Carreras frías], John Candy interpreta un antiguo competidor de carreras en trineo estadounidense que ganó la medalla de oro, el cual entrena al primer equipo jamaiquino de trineo para los Olímpicos. Los jamaiquinos llegaron a querer al entrenador estadounidense y, a la larga, el personaje de Candy confiesa una historia oscura. En los Olímpicos, después de un desempeño por el que ganó medalla de oro, añadió pesas al trineo de Estados Unidos para hacer que fuera más rápido cuesta abajo. Lo descubrieron, y eso acarreó la desgracia para él mismo y su equipo.

Uno de los del equipo de Jamaica no podía entender por qué alguien que ya había ganado una medalla de oro haría trampas. Le pidió a John Candy que lo explicara. «Tenía que ganar», responde el personaje de Candy. «Pero aprendí algo. Si no eres feliz sin una medalla de oro, tampoco lo serás con una de ellas».[2]

Si hay algún país en la tierra donde la gente debería ser feliz, ese sería Estados Unidos de América. Sin embargo, la depresión afecta a más de diecinueve por ciento de los estadounidenses adultos,[3] y los padecimientos de ansiedad afectan a más de cuarenta millones, o sea dieciocho por ciento de la población.[4] Un análisis federal de datos del 2016 halló que la tasa de suicidio en Estados Unidos ha subido a su nivel más alto en treinta años, aumentando en ese período sesenta y tres por ciento entre mujeres de edad adulta media, y cuarenta y tres por ciento entre hombres de la misma edad.[5]

Un estudio mundial de noventa mil personas mostró que los diez países más ricos del mundo también muestran las tasas más altas de depresión. Estados Unidos tiene la segunda tasa más alta, superados solo por Francia.[6] Esto nos dice que el gozo y la felicidad no dependen de la riqueza y las circunstancias. Los que tienen la mayor razón para estar gozosos a menudo son los más deprimidos.

«Los estadounidenses estamos obsesionados con ser felices», dice el teólogo y filósofo J. P. Moreland. «Pero también estamos terriblemente confundidos en cuanto a qué es la felicidad. Como resultado, rara vez hallamos una felicidad que dure. No obstante, debido a que "la búsqueda de la felicidad" se nos promete como derecho en el documento fundador de nuestra nación, la Declaración de Independencia, tenemos una sensación de derecho. Pensamos que nos merecemos la felicidad. Y si no hallamos lo que consideramos que es felicidad, con probabilidad desarrollaremos lo que [...] Alexis De Tocqueville llamó "una extraña melancolía en medio de la abundancia"».[7]

Esta es descripción muy idónea de la actitud de la mayoría de estadounidenses: rodeados de todas las cosas que pensamos que nos harán felices y, sin embargo, intranquilos e insatisfechos por dentro. De acuerdo a una madre:

Lo que tenemos nunca es suficiente. Siempre queremos más. Si tenemos hambre y el banco de alimentos está repartiendo pan, queremos dos panes en lugar de solo uno. Si la iglesia está regalando café gratis después del culto del domingo, nos irritamos si no es de Starbucks. Si somos solteros, queremos estar casados. Si estamos casados, queremos un mejor cónyuge. Queremos ser más espigados, más bonitos y más ricos. Queremos un buen trabajo y después un trabajo mejor. Luego, ese trabajo ya no es el mejor, así que buscamos el siguiente. Y estamos criando hijos que son igual de malos. A menudo no agradecen el nuevo juguete, quieren el mejor. No son sensibles a los límites financieros, porque en la cultura (eso es, nosotros) se extiende la codicia de más, más, más. Y la búsqueda de esa fachada nunca nos hará felices, ni satisfechos, ni agradecidos.[8]

Tal vez usted ha experimentado esta insatisfacción, esta «extraña melancolía» en su vida. Tal vez la búsqueda de la felicidad le parece inútil, porque está convencido de que algo siempre está esperándole a la vuelta de la esquina para arrebatarle la felicidad que se ha esforzado tanto en hallar.

Las buenas noticias son que una vida más que maravillosa no es lo mismo que la felicidad general que lo elude. La felicidad es un asunto de lo que le *sucede* a usted; y, hasta cierto punto, depende de sus circunstancias, conductas y actitudes. Sin embargo, el gozo de Cristo es mucho, mucho más grande. El gozo de Cristo es una cuestión de relación con una persona. Es algo a lo que usted tiene acceso, pero es algo que tiene que escoger.

LA VIDA CRISTIANA ESTÁ SATURADA DE GOZO

La vida cristiana se caracteriza por hitos notables, por lo que usted encontrará gozo en cada uno de ellos. Recuerde que simplemente porque algo sea importante y serio no significa que no pueda estar también lleno del gozo y la belleza del contentamiento profundo y permanente.

Salvación

El momento de la *salvación* es indeciblemente gozoso. Esta representa nuestra liberación eterna y espiritual de la separación de Dios y nuestra entrada en el reino de los cielos. Jesús vino a fin de que podamos ser salvados, y el Nuevo Testamento testifica que esta experiencia es ocasión de gozo para los convertidos y para los que intervienen en el proceso. Muchas lágrimas de gozo se han vertido cuando alguien alejado de Dios, o que ha sido enemigo de Dios, llega a ser su hijo o hija adoptivos.

En Lucas 15, Jesús relata tres episodios de cosas preciosas que están perdidas y son encontradas, y cada una es ocasión de gozo: el pastor que deja noventa y nueve ovejas para buscar y hallar una que se ha perdido; la mujer que perdió una moneda valiosa y la encontró; y el hijo pródigo que estaba perdido, pero halló su camino a casa. En cada relato, Jesús habla del regocijo que rodea la salvación de un alma y describe el gozo que resulta: «Os digo que así habrá más gozo en el cielo por un pecador que se arrepiente, que por noventa y nueve justos que no necesitan de arrepentimiento» (v. 7).

Después de que el eunuco etíope fuera salvado, siguió su camino gozoso (Hechos 8.39). Lucas anota que la conversión de los gentiles causó «gran gozo a todos los hermanos» (Hechos 15.3). El carcelero de Filipos y su familia se llenaron de gozo cuando llegaron a creer en Dios (Hechos 16.34). Nunca dude de que la salvación, el más profundo de los nuevos comienzos, también está saturada de un gozo que supera toda descripción.

Bautismo

Pregúntele a la mayoría de los creyentes cuál es el acontecimiento más gozoso en un servicio de una iglesia y muchos le dirán que el bautismo. El gozo cubre al bautismo.

Hace años, cuando era pastor en Indiana, entablé amistad con otro colega que me contó episodios asombrosos de la obra de Dios en su congregación. Un domingo, mientras predicaba, un indigente entró a su iglesia y se sentó en la primera banca. Escuchó el mensaje del evangelio con atención y al fin del servicio le entregó su corazón al Señor.

Aquella iglesia practicaba el bautismo inmediato. Cuando la persona se convierte a Cristo, la bautizan el mismo día al final de ese culto. De acuerdo a mi amigo, este hombre estaba tan gozoso con respecto a su conversión y al bautismo que cuando salió del agua, alzó ambas manos y gritó: «¡Buenísimo! ¡Buenísimo!». Todavía no había aprendido a decir: «Amén», «Alabado sea el Señor» o «Aleluya». Todo lo que sabía era exclamar: «¡Buenísimo! ¡Buenísimo!». Mi amigo dijo que ese fue uno de los días más gozosos que podía recordar como pastor.

Prueba y desaliento

El gozo cristiano se muestra no solo en las ocasiones felices, sino también en los tiempos de prueba y desaliento. El gozo de Jesús sobrevive a los problemas e incluso florece en medio de ellos. Jesús les dijo a sus seguidores: «Bienaventurados seréis cuando los hombres os aborrezcan, y cuando os aparten de sí, y os vituperen, y desechen vuestro nombre como malo, por causa del Hijo del Hombre. Gozaos en aquel día, y alegraos» (Lucas 6:22, 23).

Los escritores de las epístolas siguieron la dirección de Jesús:

- «Ustedes recibieron la palabra con gozo del Espíritu Santo, aún en medio de muchos sufrimientos» (1 Tesalonicenses 1.6, RVC).

- «Hermanos míos, considérense muy dichosos cuando estén pasando por diversas pruebas» (Santiago 1.2, RVC).

Uno de mis pasajes favoritos en la Biblia es el de Pablo y Silas en la cárcel de Filipos. Habían sido azotados y encarcelados; ¿y quién sabía lo que les sucedería al día siguiente? «Pero a medianoche, orando Pablo y Silas, cantaban himnos a Dios; y los presos los oían» (Hechos 16.25). La clase de gozo que se obtiene al cantar en la cárcel a medianoche con la espalda sangrando y la vida colgando en un hilo... ¡es gozo que vale la pena cultivar!

En nuestra cultura de gratificación instantánea y entretenimiento constante es difícil entender el sufrimiento que los apóstoles soportaron por causa del evangelio. Nosotros haremos lo que sea para evitar las pruebas y las tribulaciones. Sin embargo, a menudo, en un esfuerzo por impedir que algo incómodo nos toque, nos perdemos exactamente lo que Dios quiere usar para llevarnos al gozo en Él. No podemos evadir las dificultades, pero en medio de todos los problemas, allí está Dios y su amor vibrante.

Esto no significa que neguemos o disfracemos nuestros sentimientos. No significa que podamos o debamos encogernos de hombros ante el dolor o la desilusión, o que tratemos de no sentir tristeza cuando hay una buena causa. Significa que ponemos nuestra confianza en Dios y que Él abre la puerta a un gozo más allá de cualquier cosa que conozcamos por cuenta propia: el gozo de saber que estamos en sus manos para siempre.

Comentando sobre el mandamiento del Nuevo Testamento de que debemos regocijarnos y alegrarnos cuando atravesamos pruebas, Philip Yancey dice:

Al usar palabras tales como «¡Regocíjense!», los apóstoles no están abogando por un espíritu de «cíñanse los pantalones y aguanten», ni de «actúen como si nada hubiera pasado». En la respuesta de Cristo al sufrimiento ni en la de Pablo se puede hallar rastro de esas actitudes [...] Tampoco hay el menor indicio masoquista de disfrutar del dolor. «Regocíjense en el sufrimiento» no significa que el cristiano debe portarse alegre frente a la tragedia y el dolor cuando se siente con ganas de llorar. Más bien, la Biblia dirige el enfoque al resultado final, el uso productivo que Dios puede hacer del sufrimiento en nuestras vidas. Sin embargo, para lograr ese resultado, él necesita primero nuestra dedicación confiada, y el proceso de entregarle a él esa consagración se puede describir como regocijo.[9]

Muerte

El gozo cristiano es tan completo y duradero que permanece con nosotros incluso cuando estamos muriendo.

Tony Snow era uno de los periodistas y comentaristas estadounidenses más exitosos y respetados. Pasó de ser escritor y corrector de la sección de cartas de los lectores de un periódico pequeño a ser una voz en el programa *Good Morning America* [Buenos días Estados Unidos] de la ABC y otras cadenas de televisión. Su carrera despegó cuando pasó a Fox News como moderador de su propio programa y fue comentador frecuente en otros. En el año 2006, el presidente George W. Bush nombró a Snow secretario de prensa de la Casa Blanca. Aunque era popular, conocedor y muy elocuente, se vio obligado a renunciar menos de dos años después cuando le diagnosticaron cáncer terminal en el colon. Murió al año siguiente a los cincuenta y tres años.

Tony Snow podía haber muerto como un hombre amargado, enfurecido por la forma en que su brillante carrera fue truncada en su punto más alto, y por cómo el cáncer lo privaba de vivir con su esposa y sus tres hijos. No obstante, Tony era un creyente consagrado. Lejos de estar enojado con Dios, halló gozo en las bendiciones inesperadas que su enfermedad le trajo. Comunicó este gozo elocuentemente en un artículo publicado pocos meses antes de su muerte.

> A Dios le encanta la sorpresa. Nosotros queremos vida cómoda, sencilla, predecible —con senderos lisos, parejos, hasta donde el ojo pueda ver— pero a Dios le encanta salirse del camino. Nos provoca con vueltas y rodeos. Nos pone en situaciones difíciles que parecen desafiar nuestra resistencia y comprensión, y sin embargo no es así. Por su amor y gracia, perseveramos. Los retos que hacen brincar a nuestros corazones y retorcerse a nuestros estómagos invariablemente fortalecen nuestra fe y nos conceden medidas de sabiduría y gozo que no experimentaríamos de ninguna otra manera [...]
>
> El mero pensamiento de la muerte de alguna manera hace vívida toda bendición, toda felicidad más luminosa e intensa. Tal vez no sepamos cómo terminará nuestra lucha con la enfermedad, pero hemos sentido el ineluctable toque de Dios.[10]

Cuando Pablo contemplaba la conclusión de su vida y ministerio, esperaba el gozo que sería suyo al final: «Pero de ninguna cosa hago caso, ni estimo preciosa mi vida para mí mismo, con tal que acabe mi carrera con gozo» (Hechos 20.24). De acuerdo al apóstol Pedro, este gozo es «inefable» (1 Pedro 1.8). Desde su cautiverio en la isla de Patmos, el apóstol Juan afirmó su gozo al morir: «Bienaventurados de aquí en adelante los muertos que mueren en el Señor» (Apocalipsis 14.13).

G. K. Chesterton creía que este gozo es «el secreto gigantesco del cristiano».[11] Pienso que tiene razón. ¡El gozo que progresa desde el momento de nuestro bautismo hasta el de nuestra muerte no se puede hallar fuera de Cristo! Y lo que Dios desea para nosotros, también lo provee para nosotros. Veamos las claves del gozo verdadero y duradero; un gozo que lo elevará del hastío y el malestar, y lo levantará muy por encima de las condiciones más trágicas y las peores de las circunstancias.

DIOS QUIERE QUE USTED SEA GOZOSO

El autor Bruce Larson escribió:

> «El gozo es la señal más segura de la presencia de Dios» [...] La cuestión de fondo para usted y para mí es sencillamente esta: la adustez no es virtud cristiana. No hay santos tristes. Si Dios en realidad es el centro de la vida y el ser de uno, el gozo es inevitable. Si no tenemos gozo, nos hemos perdido la esencia de las buenas noticias y tanto nuestros cuerpos como nuestras almas sufren las consecuencias.[12]

Dios tiene gozo; y si somos suyos, nosotros también lo tendremos. ¡En realidad, los gozos más grandes de Dios parecen relacionarse con su pueblo!

- «Como el gozo del esposo con la esposa, así se gozará contigo el Dios tuyo» (Isaías 62.5).
- «Y me alegraré con Jerusalén, y me gozaré con mi pueblo» (Isaías 65.19).

Cuando mantenemos una relación correcta con Dios, Él se regocija. Y es solo mediante esa relación que experimentamos el gozo en su plenitud.

Jesús se sentía completamente a gusto en los acontecimientos gozosos. Ciertamente, el primer milagro de Jesús tuvo lugar en una celebración de bodas. Se realizó en un ambiente de regocijo, no en un ambiente de lamento; fue en una boda, no en un velorio o funeral.

Por todo el Nuevo Testamento el Señor generosamente imparte gozo a otros. Un día sanó a una mujer tullida. Ella se enderezó y empezó a alabar al Señor (Lucas 13.13). El leproso samaritano que Jesús sanó volvió para agradecerle, «glorificando a Dios a gran voz» (Lucas 17.15). Cuando el paralítico en la puerta Hermosa fue sanado, se levantó y entró al templo «andando, y saltando, y alabando a Dios» (Hechos 3.8).[13]

Describiendo estos momentos en la vida de Jesús, Pablo escribe: «El reino de Dios no es comida ni bebida, sino justicia, paz y gozo en el Espíritu Santo» (Romanos 14.17). Muchos cristianos entienden bien la parte de la justicia y, tal vez incluso, la parte de la paz; pero no tienen ni idea cuando se trata del gozo. En lugar de disfrutar la vida cristiana, parecen soportarla.

En la Biblia se nos dice: «Gozaos con los que se gozan; llorad con los que lloran» (Romanos 12.15). Conozco a muchos cristianos sinceros que son buenos para llorar, pero no muy buenos para regocijarse. Sin embargo, como Lewis Smedes escribe: «Tú y yo fuimos creados para el gozo, y si nos lo perdemos, nos perdemos la razón de nuestra existencia».[14]

Jesús dijo muy claro que nuestro gozo era una prioridad para Él cuando dijo: «Estas cosas os he hablado, para que mi gozo esté en vosotros, y vuestro gozo sea cumplido» (Juan 15.11).

Dios no solo desea que seamos gozosos; en realidad nos *lo ordena*: «Regocijaos en el Señor siempre. Otra vez digo: ¡Regocijaos!» (Filipenses 4.4).

Tal vez usted está pensando que uno simplemente no puede decirle a alguien que sea feliz. ¿Cómo puede alguien ordenar el gozo? Rob Morgan da la respuesta:

Tal vez no podamos regocijarnos por nuestra carga, pero podemos regocijarnos en nuestro Señor. Tal vez no hallemos gozo en nuestra situación, pero podemos regocijarnos en nuestro Salvador. Regocijarse en el Señor significa que nos regocijamos en nuestra relación inalterable e inmutable con el Señor soberano y sus cualidades, dádivas, promesas y atributos.[15]

Hablo por muchos que son seguidores de Cristo: *debemos* ser mejores en esto de vivir gozosamente la vida. Jesús experimentó y expresó gozo en la vida, y también debemos hacerlo nosotros. Cuando me despierto por la mañana, a menudo repito estas palabras del salmista, tomándome la libertad de reemplazar el *nosotros* con el *yo*: «Este es el día que hizo Jehová; nos gozaremos y alegraremos en él» (Salmos 118.24).

Inténtelo. Copie este versículo y téngalo junto a su cama a fin de que sea la primera cosa que vea por la mañana. Dígalo en voz alta o en su corazón para usted mismo y para Dios. Créame, este pequeño acto empezará a abrir su corazón al gozo.

RÍNDASE A JESUCRISTO

En el *centro* del gozo que Dios promete está Jesucristo mismo. El gozo cristiano es permitir que Cristo viva su vida por medio de uno, a fin de que *lleguemos a ser* lo que Él *es*. En Cristo somos «fortalecidos con todo poder, conforme a la potencia de su gloria, para toda paciencia y longanimidad; con gozo» (Colosenses 1.11, 12).

El gozo de Jesús también es un gozo *completo*. No es «casi» gozo o un gozo «ocasional». ¡Es gozo ciento por ciento! La singularidad de este gozo la captan las palabras de Pedro en el capítulo 1 de su primera carta. Pedro escribió que aunque nunca hemos visto o palpado a Jesús en la carne, cuando creemos en Él poseemos un gozo inefable, lleno de gloria (1 Pedro 1.8).

Recuerdo haber oído la experiencia de un director de un internado en Londres. Uno de sus estudiantes una vez comentó que pensaba que el director se iba al cielo todas las noches, porque cada mañana cuando lo veía tenía una sonrisa maravillosa en su rostro. Ese alumno se imaginó que la única forma en la que uno podía obtener esa clase de gozo era ingresando en el cielo al final de cada día.

En una ocasión le preguntaron al director por qué estaba tan lleno de gozo y su respuesta fue verdaderamente una declaración de una vida más que maravillosa: «El gozo es la bandera que ondea en el castillo del corazón cuando el Rey está ahí».

En otras palabras, el gozo lo determina el hecho de si Jesucristo reside o no en su vida.

¿Ha descubierto lo fácil que es que su alegría de hoy se vuelva tristeza mañana? ¿Que la dulzura de la mañana se convierta en amargura por la noche? ¿Alguna vez ha descubierto cómo personas que usted pensaba que eran sus amigos hoy pueden convertirse en sus enemigos mañana? ¿Y la sabiduría que ayer pensaba que era tan grandiosa le parece necedad hoy?

Con ese telón de fondo se levanta nuestro Señor inmutable e incambiable. Puesto que nuestro gozo está en Jesús y Jesús nunca cambia, el gozo de Jesús igualmente nunca cambia. El gozo cristiano es *continuo*, interminable, constante. No depende de los sucesos; se perfecciona en una Persona.

En medio de la tristeza y la ansiedad de los discípulos al procesar las palabras de su muerte inminente y su partida de entre ellos, Jesús los consoló diciendo: «También vosotros ahora tenéis tristeza; pero os volveré a ver, y se gozará vuestro corazón, y nadie os quitará vuestro gozo» (Juan 16.22).

Podemos hallar gran valentía en esta verdad. El gozo no es una emoción que viene y se va; es una actitud que viene y crece. ¿Cómo llega este gozo a ser parte de nuestra vida? ¿Qué necesitamos hacer para experimentarlo? Rendirnos a Cristo.

El gozo viene cuando Cristo viene a vivir en el corazón. No podemos tener el gozo de Cristo mientras no tengamos al Cristo del gozo: «Entonces mi alma se alegrará en Jehová; se regocijará en su salvación» (Salmos 35.9).

C. S. Lewis describió este gozo hace sesenta y cinco años en términos que parecen tener igual sentido hoy:

> Un coche está hecho para funcionar con gasolina, por lo que no funcionaría adecuadamente con ninguna otra cosa. Pues bien, Dios diseñó a la máquina humana para que funcionara con Él. El combustible con el que nuestro espíritu ha sido diseñado para funcionar, o la comida que nuestro espíritu ha sido diseñado para comer es Dios mismo. No hay otra cosa. Esa es la razón por la que no sirve de nada pedirle a Dios que nos haga felices a nuestra manera sin molestarnos con la religión. Dios no puede darnos paz ni felicidad aparte de Él, porque no existen. No existe tal cosa.[16]

Algunos tal vez no conozcan el gozo cristiano porque nunca han puesto su confianza en el Señor Jesucristo. Permítame animarle con las palabras de un canto que entonábamos en la iglesia donde crecí: «Si quieres gozo, gozo real, gozo maravilloso, permite que Jesús entre a tu corazón».

SOMÉTASE AL ESPÍRITU DE DIOS

El Espíritu Santo es el proveedor del gozo. Cuando se convierte a Cristo, el Espíritu Santo viene a vivir en usted. Él se vuelve siempre presente en su vida. Esto es parte de la dádiva de la salvación; el Espíritu Santo viene a morar en usted. Entonces, a lo largo de su vida, tiene que decidir si se va a someter a su dirección. Cuando usted decide darle a Él el control de su vida, Él le trae su gozo.

Tal vez una razón por la que no está experimentando el gozo del Señor es que no le ha dado el control de su vida al Espíritu Santo que vive en usted. Como a menudo le digo a mi congregación, el Espíritu Santo no quiere ser un *residente* en su vida, quiere ser el *Presidente* de ella.

La mayoría de nosotros avanzamos por la vida tratando de imaginarnos a quién tenemos que rendirle cuentas, ante quién somos responsables. Esto implica un estado constante de indecisión y confusión. No obstante, cuando nos entregamos al Espíritu Santo, eliminamos esa confusión. Nos disponemos a recibir a su dirección y, al hacerlo, sentimos el gozo tranquilo de saber que todo marchará bien.

El Espíritu Santo guía nuestra búsqueda para lograr el fruto del Espíritu. Diremos mucho más sobre Él más adelante. Por ahora, recuerde que el Espíritu Santo quiere que seamos gozosos. ¡Se lo aseguro, el gozo y el Espíritu Santo van juntos!

- «Porque el reino de Dios no es comida ni bebida, sino justicia, paz y gozo en el Espíritu Santo» (Romanos 14.17).
- «Y vosotros vinisteis a ser imitadores de nosotros y del Señor, recibiendo la palabra en medio de gran tribulación, con gozo del Espíritu Santo» (1 Tesalonicenses 1.6).

ESTUDIE LA PALABRA DE DIOS

La Biblia es el manual de Dios sobre el gozo, así que dedique tiempo a leerla. La versión Reina-Valera de la Biblia contiene más de cuatrocientas referencias a *gozo, gozoso, regocijarse, regocijo* y sus derivados. Sin que importe dónde empiece usted a leer la Biblia, encontrará el gozo antes de que lea mucho.

Si yo estuviera buscando el mejor lugar para empezar a estudiar el gozo en la Biblia, empezaría por la Carta de Pablo a los Filipenses. El tema de esta carta es el gozo; la palabra *regocijarse* y sus derivados se halla nueve veces, y la palabra *gozo* cuatro veces. Aunque *se encontraba preso* cuando la escribió, Pablo estaba lleno de gozo, y ese gozo se refleja en su carta.

¿Cuál era la fuente del gozo de Pablo? Era su relación con Jesucristo. Filipenses empieza y termina con el nombre de Jesús, y Pablo menciona a Jesucristo cuarenta veces en cuatro breves capítulos de su carta.

Uno de los resultados primordiales de leer las Escrituras es el cultivo del gozo en nuestros corazones y una de las mejores ilustraciones de la relación entre la enseñanza de la Palabra de Dios y el gozo se halla en la experiencia de Esdras, en el Antiguo Testamento.

En un día en particular, Esdras reunió al pueblo de Israel con el propósito de enseñarles la Palabra de Dios. La congregación permaneció de pie durante todo el sermón (Nehemías 8.5, NVI).

«Y leían en el libro de la ley de Dios claramente, y ponían el sentido, de modo que entendiesen la lectura» (v. 8). Y apenas unos pocos versículos más adelante leemos: «Y todo el pueblo se fue a comer y a beber [...] y a gozar de grande alegría, porque habían entendido las palabras que les habían enseñado» (v. 12).

Me encanta observar a los hijos e hijas de Dios cuando llegan a la iglesia cada semana. Por lo general puedo identificar los que tienen hambre de la Palabra de Dios. Hay una actitud de expectativa en sus caras. Cuando enseñó la Palabra de Dios, su gozo cobra vida.

La Palabra de Dios es lo que el Espíritu de Dios usa para guiar nuestras vidas. Si no cooperamos con el Espíritu Santo leyendo y estudiando la Palabra, Él no tiene nada con que trabajar. El gozo resulta de la comprensión de la Palabra de Dios.

El profeta Jeremías describe hermosamente el gozo que se deriva de la Palabra de Dios: «Fueron halladas tus palabras, y yo las comí; y tu palabra me fue por gozo y por alegría de mi corazón» (Jeremías 15.16).

PASE TIEMPO EN ORACIÓN

Jesús dijo: «Hasta ahora nada habéis pedido en mi nombre; pedid, y recibiréis, para que vuestro gozo sea cumplido» (Juan 16.24). ¿Sabía usted que puede acudir a Dios en oración y pedirle que lo llene de gozo?

Eso fue lo que el salmista estaba haciendo en Salmos 86.4 cuando dijo: «Alegra el alma de tu siervo, porque a ti, oh Señor, levanto mi alma».

Cuando estamos atribulados, orar por gozo puede parecer lo último que podemos obligarnos a hacer. Queremos orar por alivio de nuestra desilusión, tristeza o temor. Queremos orar que se nos quite nuestro dolor o ansiedad. Orar por gozo parece estar muy abajo en nuestra lista de cosas por las que pedimos.

Lo comprendo. No obstante, recuerde, el gozo no tiene que ser lo que consideramos como regocijarnos. También puede ser el gozo tranquilo, el gozo consolador de saber que uno le pertenece a Dios por medio de Jesucristo. Puede ser el gozo asegurador y estimulante de saber que uno nunca está solo, que Dios siempre está allí.

Así es como un autor pronunció en oración Salmos 86.4 cuando su alma batallaba por hallar gozo:

Dios, elevo a ti mi alma seca, que languidece. Acudo a ti porque creo que tú puedes restaurarle su gozo. Te quiero solo a ti. Quiero que me llenes, que llenes mi alma, que llenes todo mi ser, con gozo. ¿A quién más puedo acudir si no es a ti? A ti solo elevo mi alma, porque solo en ti hallaré la verdadera alegría que mi alma anhela.[17]

Durante un receso en una conferencia de mujeres cristianas, a Joni Eareckson Tada le preguntaron por su gozo. En el artículo «Gozo ganado con gran esfuerzo», Joni dice que las mujeres querían saber cómo ella podía verse tan feliz en su silla de ruedas:

—No es cosa mía —dije—. En verdad, ¿puedo decirles con sinceridad cómo me levanté esta mañana?

»Este es un día como todos —y respiré hondo—. Después de que mi esposo, Ken, se va a trabajar a las 6:00 a.m., yo me quedo sola hasta que oigo que la puerta del frente se abre a las 7.00 a.m. Eso es cuando una amiga llega para levantarme.

»Mientras oigo que ella prepara café, yo oro: "Oh Señor, mi amiga pronto me dará un baño, me vestirá y me sentará en mi silla, me cepillará el pelo y los dientes, y me sacará por la puerta. No tengo la fuerza para enfrentar esta rutina una vez más. No tengo los recursos. No tengo una sonrisa para mostrar todo el día. Pero tú la tienes. ¿Puedo tener la tuya? Dios, te necesito desesperadamente"».

—Así que, ¿qué sucede cuando su amiga abre la puerta del dormitorio—preguntó una de las mujeres.

—Volteo mi cabeza hacia ella y le ofrezco una sonrisa enviada directamente desde el cielo. No es mía. Es la de Dios. Y así —dije, señalando a mis piernas paralizadas—, cualquier gozo que ustedes ven hoy fue ganado con gran esfuerzo esta mañana.[18]

COMPARTA SU VIDA CON OTROS

Ser cristiano no siempre es fácil y lo volvemos mucho más difícil para nosotros mismos cuando tratamos de hacerlo solos. Esta es una razón por la que los creyentes se interesan por los que están en el campo misionero y los presos; tal vez no tengan a otros con los que puedan compartir su gozo en Jesucristo.

Verdaderamente, compartir el gozo de ser cristiano requiere más que la mera asistencia a la iglesia. Significa una inmersión de uno mismo en la vida de la iglesia y entablar relaciones personales activas con cristianos auténticos. ¿Cómo halla uno cristianos auténticos? Serán aquellos que tienen gozo. Exhibirán una confianza tranquila, amigable. Se interesarán en los demás y se preocuparán unos por otros.

Periódicamente con el paso de los años, algunas personas que han asistido a nuestra iglesia me han enviado notas quejándose de que los miembros se portan de manera irreverente cuando entran al lugar de adoración antes de los cultos. Estas notas hacen referencia a los saludos, conversaciones, charlas y risas, los cuales de acuerdo a quien escribe la nota destruyen la atmósfera sombría que se requiere para la adoración auténtica.

Con la debida humildad quiero expresar mi desacuerdo con esto. Esta charla y esa risa es el ruido gozoso de la conexión y las relaciones personales que nos unen en nuestra iglesia. Es el mejor ruido que una iglesia puede oír como preludio a su adoración a Dios.

En las palabras del erudito William Barclay: «El cristiano es el hombre del gozo. El cristiano es el caballero de Cristo que ríe. Un cristiano con cara larga es una contradicción de términos, y nada en toda la historia de la religión le ha hecho más daño al cristianismo que la ropa negra y las caras largas».[19]

¡El gozo cristiano es contagioso, y para contagiarse del mismo uno debe exponerse al virus y llegar a ser parte de la bendita epidemia!

En su autobiografía *Tal como soy*, Billy Graham cuenta de una ocasión en que uno de los hombres más ricos del mundo lo invitó a almorzar en su casa en una isla del Caribe. Durante todo el almuerzo, el anciano de setenta y cinco años parecía a punto de echarse a llorar, y finalmente dijo: «Soy el hombre más desdichado del mundo. Allá afuera está mi yate. Puedo ir a cualquier lugar que quiera. Tengo un avión privado y helicópteros. Tengo todo lo que quiero para hacer feliz mi vida y, sin embargo, soy desdichado como el infierno».

Los Graham conversaron y oraron con el hombre, haciendo lo mejor que pudieron para llevarlo a Cristo, quien es el único que podría darle el profundo sentido a la vida que él buscaba.

Al salir de la hermosa casa del hombre, los Graham volvieron a la diminuta cabaña donde estaban hospedándose en la isla. Esa tarde el pastor de la iglesia bautista local fue a visitarlos. A pesar de sus recursos limitados y situación difícil, estaba lleno de entusiasmo y amor por Cristo. «No tengo ni dos pesos a mi nombre», dijo con una sonrisa, «pero soy el hombre más feliz de esta isla».

Después de que el pastor se fuera, Billy Graham se dirigió a su esposa y le preguntó: «¿Quién piensas que es el hombre más rico?».

Ruth Graham ni siquiera tuvo que responder, porque la respuesta era obvia.

Lo que el rico buscaba era felicidad, una razón para reír y olvidarse de sus problemas. Lo que el pastor ya había hallado era un gozo profundamente arraigado, basado no en lo que poseía, sino en quién lo poseía a él: Jesucristo.[20]

El gozo de Jehová es vuestra fuerza.

—Nehemías 8.10

CAPÍTULO 3

UNA VIDA DE PAZ

Paz no es la ausencia de estrés, sino
la presencia del Salvador.

Mientras escribía este capítulo, mi esposa y yo estábamos alojados en el Hotel Marriott Marquis de la ciudad de Nueva York. Ese día, el 18 de mayo del 2017, un conductor ebrio desvió su coche sobre la acera, matando a una joven de dieciocho años e hiriendo a otras veintidós personas. El coche finalmente se detuvo cuando se estrelló contra las barreras frente a nuestro hotel.

Yo había ido a New York para hablarle a un grupo de pastores como parte de una reunión auspiciada por una de las redes radiales que transmiten nuestro programa. La reunión de pastores era en Brooklyn, a más de una hora en coche de nuestro hotel. Puesto que iba a estar ocupado toda la mañana, animé a mi esposa para que se quedara en el hotel, se levantara más tarde y disfrutara de una mañana tranquila.

Cuando nuestra reunión en Brooklyn estaba por terminarse, me dijeron que había ocurrido un incidente en Manhattan. A esas alturas muchos daban por sentado que era un acto terrorista. Mi corazón dio un brinco cuando traté de llamar a mi esposa. Al principio no pudimos conectarnos, pero minutos más tarde sentí alivio al oír su voz. Me dijo que ella se encontraba bien, pero que el hotel estaba acordonado. Si ustedes vieron la cobertura por televisión de ese incidente, probablemente se quedaron aturdidos al observar la plaza Times Square completamente vacía.

Mi corazón se conmovió por los heridos y sus familias, y me enfoqué en cómo llegar al hotel para recoger a mi esposa a fin de volver a casa. No obstante, todas las calles que conducían a Times Square estaban acordonadas. Mientras trataba de imaginarme qué se podía hacer, recibí una llamada del gerente de huéspedes del hotel, que también es nuestro amigo. Me dijo que no me preocupara; que él se haría cargo de todo. A los pocos minutos dirigió a nuestro conductor a una intersección a dos calles del hotel. El gerente del hotel había hablado con el jefe de la policía y nos dijo que preguntáramos por un teniente en particular cuando llegáramos a esa intersección. Aquel oficial, explicó, nos permitiría pasar por las barricadas a fin de llegar al hotel.

Dicho y hecho, llegamos a la intersección indicada y hallamos al teniente y a dos de sus oficiales. El jefe de policía le había enviado un retrato mío que pienso que obtuvo en Wikipedia. El hombre estudió el retrato, me miró con todo cuidado y finalmente decidió que éramos la misma persona.

Entonces, para mi sorpresa total, todos los tres se acercaron al coche con mis retratos impresos. Me dijeron cuánto les gustaba nuestro programa de televisión y nos agradecieron por interesarnos en la ciudad de Nueva York. Me pidieron que autografiara los retratos. Luego quitaron las barricadas y permitieron que nuestro coche pasara. ¡Mi Dios es un Dios asombroso y está lleno de sorpresas!

Les cuento esta experiencia porque por unos pocos minutos esa mañana sentí que el temor me oprimía el corazón. En ese momento no sentí paz. Mis pensamientos estaban en mi esposa y el terrible incidente frente a nuestro hotel. ¿Qué tal si mi esposa hubiera decidido dar una caminata frente al hotel esa mañana? (Más tarde me dijo que ella en realidad consideró hacer eso). ¿Qué tal si no podía hablar con ella? ¿Qué tal si...?

Frente a la incertidumbre, la tragedia y el peligro, todos tenemos momentos en los que nos sentimos abrumados, en los que perdemos de vista la paz que nuestro Señor nos trajo. En esas ocasiones nuestra tarea —y no siempre es fácil— es dirigir nuestros pensamientos y corazones de regreso a la paz de Dios, la paz que sobrepasa todo entendimiento. Nuestra tarea es sumergirnos en la paz de Jesucristo.

EL MUNDO ANHELA PAZ

Avanzando muy lentamente por el tráfico de regreso al hotel, fue aleccionador para mí darme cuenta de cuántas personas en nuestro mundo viven bajo esta clase de amenaza todos los días de su vida.

En un artículo que escribió Sarah Lebhar Hall para *Christianity Today*, ella cuenta sobre su batalla con la paz. Escribe:

> Me encontraba en Atlanta para una conferencia. Mientras me hallaba allí, oí las noticias de una posible amenaza de ISIS contra la ciudad. El FBI, me dijeron, estaba tomando la amenaza en serio, y debíamos permanecer alerta. Aunque la credibilidad de la amenaza no era

clara, tengo que admitir que sentí ansiedad cuando me fui a la cama esa noche. Estaba lejos de mi familia. Mis hijos pequeños contaban los días para poder verme de nuevo. Haciendo a un lado el temor, me puse a leer Isaías 9.6.

Me confortó este recordatorio de que Dios detesta el terror más que nosotros. Él no está satisfecho con que las personas vivan bajo la constante sombra de la muerte. Él tiene un plan para erradicar permanentemente las cosas que nos aterrorizan: el estruendo de botas que marchan, los reportajes que aterran, el nivel rojo de alerta en el aeropuerto, los videos horrorosos por la Internet. Los regímenes brutales harán sus planes, pero Dios puede superar la estrategia de todos ellos. Su plan para sus hijos es el gozo desbordante. No más opresión. No más sangre derramada. Y aunque hemos visto este plan puesto en acción al enviar a Jesús, todavía no está completo. Sigue expandiéndose y tiene mucho camino que recorrer. Sin embargo, sabemos esto: Dios está comprometido apasionadamente a rescatarnos del espectro de la muerte.[1]

LA PAZ: META SUPREMA DE DIOS

La meta suprema de Dios para la humanidad es que la paz cubra la tierra. A su Hijo, Jesucristo, el profeta Isaías (Isaías 9.6) le llama «Príncipe de paz». Eso se debe a que Isaías vio otro día en el horizonte profético. Él describió ese día como un tiempo cuando las naciones «volverán sus espadas en rejas de arado, y sus lanzas en hoces; no alzará espada nación contra nación, ni se adiestrarán más para la guerra» (Isaías 2.4).

Tan universal es este anhelo de la paz que este versículo, Isaías 2.4, está tallado en el Muro de Isaías en un parque frente al edificio de las Naciones Unidas en la ciudad de Nueva York.

Nuestro anhelo de paz se expresa por todo el mundo en enormes estatuas y obras de arte. Si acaso nuestra Estatua de la Libertad significa alguna cosa, es que estamos ofreciendo un gesto de paz a los que vienen a vivir en este país. Se trata de un símbolo de nuestro deseo de paz en el mundo. El Cristo de los Andes, en la frontera entre Chile y Argentina, es una figura gigantesca construida para celebrar y expresar la esperanza de paz. En París, está el Muro de la Paz al pie de la Torre Eiffel. Este monumento de cristal tiene la palabra *paz* escrita en cuarenta y nueve idiomas, y a los visitantes se les anima a dejar mensajes de paz en las grietas. En Tokio se levanta una robusta estatua con los brazos extendidos hacia el cielo, y escrito debajo de la estatua en griego y japonés está la palabra *ágape*, como un testimonio del deseo de los japoneses de que haya paz entre su país y los demás.

Hace muchos años un hombre de la República Dominicana se preocupó e interesó tanto por la paz del mundo que se ofreció para que lo clavaran a una cruz como sacrificio por la paz mundial. Mientras miles observaban por televisión, lo clavaron de manos y pies con clavos de acero inoxidable de como quince centímetros de largo. Planeaba permanecer en la cruz por cuarenta y ocho horas, pero después de apenas veinte horas tuvo que suspender su crucifixión voluntaria debido a una infección que surgió en su pie derecho. Los titulares del periódico al día siguiente decían: «La crucifixión por la paz se queda corta».[2]

Ese titular podría resumir casi todo lo que se ha hecho en nuestro mundo para hallar verdadera paz. Todo se ha quedado lejos de su objetivo. Alguien observó que la ciudad de Washington D.C. tiene una gran variedad de monumentos a la paz. Levantamos uno después de cada guerra.

Puedo ser realista en cuanto a los esfuerzos del mundo para lograr la paz, pero no soy irreverente. Trabajar por la paz es un esfuerzo noble, tal vez el más noble. Jesús dijo que los pacificadores «serán llamados hijos de Dios» (Mateo 5.9). Y el apóstol Pablo señaló: «Si es posible, en todo lo que dependa de ustedes, vivan en paz con todos los hombres» (Romanos 12.18).

Sin embargo, por mucho que todos afirmen que quieren paz en el mundo, esta ha sido una meta elusiva en toda la historia humana. Y ahora vemos que el mundo se está volviendo un lugar incluso más peligroso. En medio de todo lo que nos preocupa, ¿cómo hallamos la paz de Dios?

La convertimos en nuestra misión y hacemos el esfuerzo para recibirla.

Piense en lo que hace cuando tiene que estar en algún lugar, pero no puede hallar las llaves de su automóvil. Usted las busca frenéticamente. Y mientras lo hace, se preocupa por el lugar en donde se suponía que debía estar, por el hecho de que están esperando por usted y por todo lo que se perderá. ¡Se distrae, está molesto y no tiene ni la menor idea de dónde dejó las llaves!

No obstante, tan pronto como las encuentra, el recuerdo de que las dejó en ese lugar vuelve, porque estaba allí todo el tiempo. Usted simplemente permitió que otras cosas lo distrajeran.

La paz de Dios es una de las claves para una vida más que maravillosa y hallarla es un esfuerzo serio. Permita que el deseo de conocer esa paz llene su corazón y sea su enfoque. Búsquela en los lugares posibles y haga con calma y fe las cosas probables. No permita que la presión y la incertidumbre del mundo lo distraigan.

La paz es la razón por la que Dios envió a su Hijo a la tierra. Él es el verdadero Príncipe de paz, y su paz es «la paz de Dios, que sobrepasa todo entendimiento» (Filipenses 4.7). Cuando Cristo apareció por primera vez en esta tierra en un pesebre en Belén, los ángeles anunciaron su llegada con estas palabras: «¡Gloria a Dios en las alturas, y en la tierra paz, buena voluntad para con los hombres!» (Lucas 2.14).

Lo animo a cultivar la paz de Dios en su vida. Puedo decirle cómo. Primero, entienda lo que la paz de Dios significa para usted. Después, pídala y deséela con todo su corazón. Finalmente, haga las cosas que disponen a su corazón para aceptarla cuando llega.

COMPRENDA LA PAZ DE DIOS

El mundo en el que Jesús nació tenía una comprensión muy diferente a la que tenemos hoy sobre el concepto de paz. La palabra *paz* se origina en una del francés antiguo que significa «reconciliación, silencio, acuerdo, ausencia de hostilidad».

Sin embargo, la palabra hebrea *shalom* tenía un significado mucho más rico. Esta palabra se halla más de doscientas veces en el Antiguo Testamento. Su significado básico es «estar completo, o seguro o íntegro». *Shalom* designa una condición en la cual la vida se vive mejor. Es el concepto de integridad; cuerpo, alma y espíritu están alineados. En *shalom* uno tiene más que ausencia de hostilidad. Tiene una cualidad de vida que fomenta la paz.

Shalom es «la condición de que todo está bien establecido». Tiene que ver con satisfacción, compleción, madurez, solidez, integridad, armonía, tranquilidad, seguridad, bienestar, amistad, acuerdo, éxito, prosperidad. Se refiere al bienestar total de la persona y la comunidad. Es uno de los anhelos más hondos del corazón humano».[3]

Shalom significa que todo está bien en mi vida, todo está integrado en mi ser.

Cuando Jesús vino, nos trajo esa certeza. Él es el único camino para tener esa paz en su vida.

Comentando sobre esta paz con Dios, Ray Stedman escribe con entusiasmo: «¡Nuestros corazones están en paz! [...] ¡Calma, valentía!

Para usar un término moderno, y pienso que el más preciso, tenemos buena "moral". Nuestra moral es alta. Estamos listos para cualquier cosa. Ningún terreno puede ser demasiado escabroso para Cristo y tenemos a Cristo. Por consiguiente, tenemos buena moral».[4]

Hace como veintidós años me diagnosticaron linfoma, un tipo de cáncer que en ese tiempo tenía una tasa muy baja de supervivencia. Poco después del diagnóstico fui a la Clínica Mayo y me operaron de inmediato. Para determinar la extensión del cáncer, básicamente me cortaron de lado a lado.

Después de la cirugía me llevaron a otro piso para la recuperación. En ese piso las habitaciones de los pacientes estaban ubicadas en un círculo, con la estación de enfermeras y los escritorios del personal en el medio. Los médicos querían que yo me levantara y caminara tan pronto como fuera posible. Por supuesto, eso era de lo que menos ganas tenía. No obstante, sabiendo que representaba una parte importante de mi recuperación, me obligué a dar una vuelta completa alrededor de la estación de enfermeras, empezando en mi habitación y pasando frente a todas las demás habitaciones de los pacientes hasta volver a llegar a la mía. Mi meta ese día era una vuelta y, a duras penas, pude terminarla.

Al día siguiente decidí obligarme a dar dos vueltas. Mi plan era dar una vuelta más cada día. Así que empecé, andando lentamente alrededor del círculo.

Por una extraña coincidencia, el cirujano que me había operado estaba hablando acerca de mí cuando pasé por su escritorio. Todo lo que recuerdo que le oí decir fue: «Un pastor que tiene un enorme cáncer linfoma en las células en etapa cuatro».

Etapa cuatro. Quedé aturdido. Hasta ese momento no había sabido lo seria que era mi condición. De alguna manera completé las dos vueltas y volví a mi habitación. Recuerdo que me quedé sentado allí, sintiéndome aterrado y abrumado. Pero, entonces, ese sentimiento me abandonó por completo y fue reemplazado por otro.

Yo no tengo el control de mi vida, me dije para mis adentros. *Lo tiene el Espíritu de Dios.*

Un sentido de lo que puedo describir solo como «buena moral» me invadió. Iba a dejar que Dios hiciera su obra y yo haría lo que me tocaba a mí. Después de todo, mi único pensamiento era: *Pues bien, tengo que dar tres vueltas mañana.*

Por veintidós años no le conté eso a nadie, ni siquiera a mi esposa. Sin embargo, cuando estaba escribiendo este capítulo, afloró poderosamente a mi mente. Esa buena moral resistente es la paz que Dios nos da cuando le entregamos nuestra vida. Frente a un diagnóstico terrible, la paz del Señor era resistente, por lo que perseveré con buena moral.

En los meses que siguieron tuve que someterme a dos ciclos de quimioterapia y un trasplante de células madres, al final de lo cual estuve en remisión. Hoy sigo libre de cáncer.

Si las cosas andan mal por fuera, pero el Espíritu Santo está a cargo de lo que hay por dentro, Él le dará la paz cuando usted le entregue su vida a Jesús, nuestro Príncipe de paz, y exprese ese anhelo por su paz en su corazón, tal como las naciones lo expresan en sus monumentos. Y si se siente desanimado, aférrese a esto: la paz real es posible. La Biblia nos lo asegura.

PAZ *CON* DIOS

Pablo escribió: «Justificados, pues, por la fe, tenemos paz para con Dios por medio de nuestro Señor Jesucristo» (Romanos 5.1). La paz en este pasaje significa el cese de hostilidad, no una mera tranquilidad mental. No es que nosotros hemos dejado de ser hostiles a Dios, sino que Dios ha cesado de ser justamente hostil con nosotros como pecadores. El pecado interrumpió la relación entre Dios y el hombre: «Son sus pecados los que los han separado de Dios» (Isaías 59.2, NTV).

La paz que Jesús trae cambia la imagen de Dios de una mano que empuña un mazo judicial a la mano extendida de un amigo. La ira de Dios contra nosotros debido a nuestro pecado es puesta a un lado. Nuestra separación de Él es superada. Dios nos adopta en su familia. Y desde ahora en adelante todos sus tratos con nosotros son para nuestro bien. Él nunca estará contra nosotros. Es nuestro Padre y nuestro amigo. Ya no necesitamos tenerle miedo.

En el idioma griego la palabra para *paz* significa «reunir». Describe dos fuerzas opuestas que habían estado separadas y que ahora son reconciliadas. De eso es lo que se trata nuestra paz en Jesucristo. Nosotros, que estábamos en enemistad con Dios, hemos sido reunidos por medio de Jesucristo. Él es nuestra paz.

- «Porque él es nuestra paz, que de ambos pueblos hizo uno, derribando la pared intermedia de separación» (Efesios 2.14).
- «Y a vosotros también, que erais en otro tiempo extraños y enemigos en vuestra mente, haciendo malas obras, ahora os ha reconciliado en su cuerpo de carne, por medio de la muerte, para presentaros santos y sin mancha e irreprensibles delante de él» (Colosenses 1.21, 22).

Veo esta paz ilustrada muy hermosamente por la misma cruz. Esta señala hacia el cielo, ilustrando el hecho de que Jesucristo, que era el Hijo de Dios, se extendió hacia arriba y tomó la mano del Padre. Al mismo tiempo, la cruz señala hacia abajo, hacia la tierra, ilustrando el hecho de que Jesucristo, que era el Hijo del hombre, se extendió hacia abajo y tomó las manos de los seres humanos caídos. Y con una mano en la mano de Dios y la otra en la mano del hombre, nos unió e hizo la paz.

PAZ *DE PARTE DE* DIOS

Jesús dijo: «La paz os dejo, mi paz os doy; yo no os la doy como el mundo la da. No se turbe vuestro corazón, ni tenga miedo» (Juan 14.27). Jesús dijo estas palabras en vísperas de su violenta ejecución. Fue en el contexto de una situación tormentosa, difícil e increíble en su vida.

Cualquiera puede tener paz cuando las cosas marchan bien: cuando todo está bien en casa, cuando la salud física es robusta, cuando las finanzas son manejables, cuando los hijos se portan más o menos bien. Sin embargo, tener paz en esas circunstancias no representa un crédito para nosotros, porque incluso el mundo tiene algo que se parece a la paz en circunstancias como esas. No obstante, cuando podemos tener paz en medio de los tiempos difíciles, eso es un testimonio que Dios quiere que presentemos ante este mundo.

Y esta paz no es una calma tensa. La quietud tensa no es paz. Eso es simplemente ansiedad reprimida. Demasiado a menudo pensamos que estamos confiando cuando en realidad solo estamos controlando nuestro pánico. La verdadera paz no es solo calma exterior, sino también un corazón tranquilo.

Hay un momento maravilloso que el apóstol Juan registra y que resume esta verdad en cuanto a la paz que ahora tenemos con Dios. Jesús está haciendo su primera aparición después de la resurrección ante sus discípulos reunidos. Ellos están llenos de terror.

Cuando llegó la noche de aquel mismo día, el primero de la semana, estando las puertas cerradas en el lugar donde los discípulos estaban reunidos por miedo de los judíos, vino Jesús, y puesto en medio, les dijo: Paz a vosotros. Y cuando les hubo dicho esto, les mostró las manos y el costado. Y los discípulos se regocijaron viendo al Señor. (Juan 20.19, 20)

Jesús mostró sus manos y su costado con el propósito de identificarse a sí mismo. Sin embargo, pienso que también estaba diciendo: «Estas heridas son *la causa* de que pueda decirles: "La paz sea con ustedes". Porque así de tanto es como los amo y esto es lo que hice para traer paz a la vida de ustedes. Morí, por lo que no tienen que tener miedo. La obra está hecha, la victoria está ganada, la paz sea con ustedes».

Es debido a lo que Jesús hizo en la cruz que podemos tener esta paz. Dios envió a Jesús para que sea el puente por el que podemos cruzar a la paz que sobrepasa todo entendimiento.

PAZ *DE* DIOS

«Y la paz de Dios, que sobrepasa todo entendimiento, guardará vuestros corazones y vuestros pensamientos en Cristo Jesús» (Filipenses 4.7). Cuando el apóstol escribió estas palabras, estaba preso en Roma. En una mazmorra fría y oscura, Pablo confiaba en la paz de Dios para que lo ayudara a sobrevivir. Él hablaba de una calma interna, una serenidad del alma, una paz interior nacida de la fe y la confianza en Dios.

¿Disfruta usted de esa clase de paz? ¿Puede tener esa calma interna, esa seguridad tranquila de que todo marcha bien aunque las circunstancias externas puedan ser caóticas? ¿Es capaz de dormir por la noche? «En paz me acostaré, y asimismo dormiré; porque solo tú, Jehová, me haces vivir confiado» (Salmos 4.8).

No importa lo que suceda durante el día, ni cuáles sean los problemas, ni cuáles frustraciones pueda tener en su trabajo, o en sus estudios o con otros miembros de su familia, ¿puede tener paz al fin del día o incluso en medio de todo eso? Mientras que todo se desenfrena allá afuera, ¿existe ese centro tranquilo en su vida que lo mantiene avanzando en la dirección correcta?

La paz de Dios actúa como guarda a la puerta de su corazón y su mente para proveerle seguridad contra los ataques de la culpabilidad, las preocupaciones, las amenazas, las confusiones, las incertidumbres... todas esas cosas que amenazan nuestra paz. Dios guarda nuestros corazones y mentes de una manera que supera lo que el intelecto humano puede imaginar: «que sobrepasa todo entendimiento». No limite la paz de Dios a lo que usted puede ver. Él da una paz inexplicable e inimaginable.

Filipenses 4.9 nos dice que no solo tendremos la paz de Dios guardando nuestros corazones desde afuera sino, incluso mejor, tendremos la paz de Dios protegiendo nuestros corazones por dentro. Él estará en nosotros, y su presencia será nuestro consuelo y aliento cuando los problemas difíciles ataquen nuestra mente.

Hay cuatro caminos principales por los cuales la paz de Dios viaja: el Espíritu de Dios, el Hijo de Dios, la Palabra de Dios y la oración.

LA PAZ Y EL ESPÍRITU DE DIOS

Cuando Jesús les enseñaba a sus discípulos que tenía que dejarlos, les habló del Espíritu Santo y les dijo que el Espíritu vendría para ayudarlos... y para ayudarnos a usted y a mí. Cuando Jesús terminó toda su instrucción sobre el Espíritu Santo, dijo: «Estas cosas os he hablado para que en mí tengáis paz. En el mundo tendréis aflicción; pero confiad, yo he vencido al mundo» (Juan 16.33).

En esencia, Jesús estaba diciendo: «Les he enseñado acerca del Espíritu Santo y quiero que sepan sobre Él, porque si saben acerca del Espíritu Santo y entienden cómo obra en la vida de ustedes, entonces pueden tener paz. Él es el Espíritu de paz». Por eso el fruto del Espíritu incluye la paz.

La paz es el resultado inevitable del Espíritu de Dios controlando su vida. ¿Cómo puede usted decir si lo controla el Espíritu de Dios? Por la quietud interna cuando la dificultad, el dolor y el conflicto lo rodean.

En 2012, Kara y Jason Tippetts y sus cuatro hijos hermosos se trasladaron a Colorado Springs para comenzar la aventura de su vida. Iban a fundar una iglesia. Durante ese tiempo, Kara decidió iniciar un sencillo blog para madres, *Mundane Faithfulness*, dedicado a la crónica del viaje de su familia y para ayudar a otras mamás a criar a sus hijos con amabilidad. Pero en el verano de ese año, se le diagnosticó con cáncer de mama, y *Mundane Faithfulness* se transformó «en un lugar donde Kara procesó su diagnóstico y su tratamiento, y donde articuló su corazón en respuesta a su dolor».[5]

A medida que escribía sobre la gracia y la paz que estaba encontrando en su sufrimiento, en poco tiempo, sus seguidores aumentaron. Un editor descubrió su blog y, en el otoño de 2014, su primer libro —*The Hardest Peace*— fue lanzado, seguido de otros dos en los años siguientes.

Apenas un año más tarde, el 22 de marzo de 2015, Kara ganó su batalla contra el cáncer y entró en la presencia de Jesús. Pero su blog y sus libros siguen siendo de inspiración y aliento para miles de personas en todo el mundo. Cerca del final de su vida, escribió:

Mi pequeño cuerpo se ha cansado de la batalla y el tratamiento ya no ayuda. Pero lo que veo, lo que sé, lo que tengo es Jesús. Él todavía me ha dado el aliento y, con ello, oro que pueda vivir y desvanecerme bien. Hago las dos cosas poco a poco, viviendo y muriendo, con el tiempo que me queda por vivir. Puedo acercarme a mis seres queridos, besarlos y hablar con amor tiernamente a sus vidas. Tengo el privilegio de orar a la eternidad con mis esperanzas y temores acerca de los momentos de mis seres queridos. Puedo orar, llorar y maravillarme con el cielo. No siento que tenga la valentía para este viaje, pero tengo a Jesús y Él proveerá. Él me ha dado tanto por lo cual agradecerle, y esa gratitud, ese maravillarme con su amor, nos cubrirá a todos. Y nos sostendrá de maneras que no podemos comprender.[6]

En los días más difíciles de su vida, Kara Tippetts fue marcada por una asombrosa sensación de gratitud y amor. Ella fue sostenida por una paz que supera toda comprensión, una paz que solo el Espíritu Santo puede proporcionar.

LA PAZ Y EL HIJO DE DIOS

Una vez vi un letrero en una iglesia que lo decía todo:

No Cristo, no paz.
Conoce a Cristo, conoce la paz.

Cuando Cristo preparaba a sus discípulos para su partida, los animó con estas palabras: «No se turbe vuestro corazón; creéis en Dios, creed también en mí [...] La paz os dejo, mi paz os doy; yo no os la doy como el mundo la da. No se turbe vuestro corazón, ni tenga miedo» (Juan 14.1, 27).

Pocos versículos más adelante Jesús amplía su promesa anterior: «Estas cosas os he hablado para que en mí tengáis paz. En el mundo tendréis aflicción; pero confiad, yo he vencido al mundo» (Juan 16.33).

Durante el bombardeo de Londres en la Segunda Guerra Mundial, cuando las bombas alemanas llovían sobre la ciudad, los pobladores vivían en temor constante. Para nosotros es difícil imaginarnos la clase de ansiedad profunda, penetrante —incluso el terror— que resulta del bombardeo continuo. Durante esos días lóbregos, la voz impertérrita de un hombre regularmente resonaba por los radios de toda la nación, inspirándolos a una nueva esperanza y una nueva creencia. Su causa era justa, su gobierno estaba decidido, sus ejércitos no les fallarían. La gente escuchó y se alentó.

Lo que Winston Churchill hizo por los ingleses durante la Segunda Guerra Mundial, Jesucristo lo hace por nosotros. Hoy los conflictos abundan en el mundo, y mientras escribo estas palabras hay ciudades bajo bombardeos en el Medio Oriente. Sin embargo, Jesús viene a nosotros en medio del conflicto, cuando las batallas son casi insoportables y las circunstancias parecen imposibles. Con la voz de la absoluta certeza, el poder y la fortaleza más allá de toda imaginación, Él nos habla de paz y nos da el aliento que necesitamos. Eleva nuestra moral y nos llena de la fuerza profunda que imparte la paz, a fin de que podamos volver a la batalla para sofocar el temor con la paz de Dios y ser victoriosos.[7]

En el libro *¿Abandonado por Dios?*, Sinclair Ferguson relata lo siguiente:

El primer médico que murió del virus del SIDA en el Reino Unido fue un joven cristiano. Contrajo la enfermedad mientras hacía investigaciones médicas en Bulawayo, Zimbabue. En los últimos días de su vida su poder de comunicación falló. Batallaba con dificultad creciente para expresarle sus pensamientos a su esposa. En una ocasión, ella simplemente no pudo entender su mensaje. Él escribió en un papel la letra J. Ella revisó todo su diccionario médico, mencionando varias palabras que empezaban con J. Ninguna era la correcta. Entonces dijo: «¿Jesús?».

Esa era la palabra correcta. Él estaba con ellos. Eso fue todo lo que necesitaban saber. Y eso siempre es suficiente.[8]

Uno de los mejores versículos de la Biblia sobre la paz está en el libro de Isaías: «Tú guardarás en completa paz a aquel cuyo pensamiento en ti persevera; porque en ti ha confiado» (Isaías 26.3).

Henri Nouwen escribe:

Mantén tus ojos en el Príncipe de paz, el que no se aferra a su poder divino; el que se rehúsa a convertir las piedras en pan, saltar de grandes alturas y gobernar con gran poder; el que toca al cojo, al paralítico y al ciego; el que pronuncia palabras de perdón y aliento. Mantén tus ojos en aquel que se hizo pobre con el pobre, débil con el débil. Él es la fuente de toda paz.[9]

Cuando mantenemos nuestros ojos y mentes enfocados en la realidad de Cristo más que en los inevitables problemas de esta vida, somos invencibles espiritual y mentalmente. Me encanta esta pregunta que se halla escondida en el libro de Job: «Si él diere reposo, ¿quién inquietará?» (Job 34.29). Esta es mi oración por todos nosotros, prestada de la oración que Pablo elevó por sus amigos en Tesalónica: «Y el mismo Señor de paz os dé siempre paz en toda manera» (2 Tesalonicenses 3.16).

LA PAZ Y LA PALABRA DE DIOS

El salmista utilizó todos, excepto dos, de los 176 versículos de Salmos 119, el capítulo más largo de la Biblia, para exaltar las virtudes de la Palabra de Dios. Cuando estaba apenas a once versículos del final de ese salmo, presenta este informe: «Mucha paz tienen los que aman tu ley, y no hay para ellos tropiezo» (Salmos 119.165).

De los veintisiete libros del Nuevo Testamento, dieciocho empiezan con un saludo de paz. Y esta paz no es simplemente de los autores humanos de cada carta, de Pablo, Pedro y Juan. ¡No, este saludo de paz es de Dios Padre y del Señor Jesucristo! En cada caso, aparece la gracia y luego la paz, no al revés.

Esto se debe a que no hay paz a menos que Dios nos extienda su gracia. Mientras usted no experimente la gracia de Dios, no puede tener paz. Esto es tan básico en el pensamiento de los primeros cristianos que es el saludo oficial que Pablo utilizó para presentarse: «Gracia y paz a ustedes».

Uno pensaría que se pudiera invertir por lo menos una vez, ¿verdad? Pero no es así. Es gracia primero y después paz. Esta prevalencia en la Biblia nos recuerda que así es en verdad como tiene que funcionar. ¡Sin gracia, no hay paz!

¿Sabía usted que la palabra *paz* aparece casi cuatrocientas veces en la Biblia, y eso para no mencionar muchos otros versículos en cuanto a fuerza, seguridad y consuelo? La Biblia es la Palabra del Dios de paz, por lo que está llena de paz. Memorizar algunas de estas verdades es como instalar una unidad personal antiterrorismo en su propia mente.

Un soldado que regresó herido de la guerra estaba presente en una cena que honraba a los veteranos cuando se le pidió que contara lo más maravilloso que había experimentado mientras cumplía su misión. Después de un momento de pensarlo, respondió:

Caminaba cerca de mi trinchera un día cuando vi a un joven soldado acostado en el suelo, leyendo intensamente un libro. Me acerqué y le pregunté lo que estaba leyendo. Me dijo que leía la Biblia. Ahora bien, yo había leído la Biblia por muchos años, y nunca me sirvió de nada. El soldado me dijo: «Escucha lo que estoy leyendo». Y leyó: «No se turbe su corazón. En la casa de mi Padre muchas moradas hay. Voy, pues, a preparar lugar para ustedes. No se turbe su corazón, ni tengan miedo».

El soldado nos explicó que él había respondido a este pasaje bíblico diciendo que lo había leído muchas veces y nunca le había servido de nada. «Déjala, amigo», dijo. «Déjala». Sin embargo, el otro soldado alzó la vista desde donde estaba leyendo sobre el suelo y señaló: «Si tú supieras lo que la Biblia significa para mí, nunca me pedirías que la deje».

«Mientras él hablaba», siguió contando el soldado, «el resplandor en su cara era muy brillante. Nunca había visto nada como eso en mi vida. Simplemente me deslumbró. No pude mirarlo por mucho tiempo, así que me di la vuelta y me alejé».

Poco después de ese incidente, una bomba cayó cerca del lugar donde habían estado hablando. Cuando se aclaró el polvo, fue a ver qué le había pasado al soldado que había estado leyendo la Biblia. Lo halló fatalmente herido, con la Biblia sobresaliendo del bolsillo de su pecho.

«Y aquí está», le dijo el soldado al público y la levantó. «Quiero decirles a todos ustedes que están reunidos aquí en esta ocasión que lo más maravilloso que experimenté durante la guerra fue la luz en el rostro de ese joven soldado. Y, más que eso, puedo decir ahora que su Salvador es el mío también, porque leí ese libro y llegué a conocer a Aquel que le dio la paz en medio de la guerra».[10]

LA PAZ Y LA ORACIÓN

«Por nada estéis afanosos, sino sean conocidas vuestras peticiones delante de Dios en toda oración y ruego, con acción de gracias» (Filipenses 4.6). Estas son las palabras más poderosas de la Biblia respecto al afán y la oración. En esencia Pablo dice que la vida cristiana se compone de tres círculos. Ustedes pueden trazarlos mentalmente.

El primero es el círculo de la ansiedad, en el cual no hay «nada». El segundo es el círculo de la oración, al cual debemos llevar «todo». Finalmente, tenemos el círculo de la acción de gracias, que debe ser llenado con gratitud por todo lo que Dios ha hecho y hace por nosotros.

En otras palabras, no debemos afanarnos por nada, debemos orar por todo y agradecer por todo. ¡Esta clase de oración nunca deja de producir!

Norman B. Harrison añade esto: «El mundo se afana, y tiene amplia razón para hacerlo. Enfrenta tremendos problemas, sin ninguna solución real para ellos. Pero el cristiano está situado de manera muy diferente. "No es de este mundo". La oración mantiene un punto de vista de otro mundo y así el cristiano es librado del contagio mental».[11]

Hace algunos años estaba en el Aeropuerto Internacional O'Hare después de hablar en una conferencia en Chicago. Debía tomar un vuelo temprano en la mañana y había llegado al aeropuerto con suficiente tiempo solo para descubrir que el vuelo estaba retrasado. Un retraso de una hora se convirtió en una demora de dos horas, así que fui a la sala de espera de la aerolínea para descansar mientras aguardaba. Cuando me presenté al mostrador, le pregunté a la empleada si sabía lo que estaba sucediendo con mi vuelo.

«Hay una tormenta estacionada sobre Chicago», dijo. «¿Le gustaría verla?».

Me di la vuelta por el extremo del mostrador y en la pantalla del computador había una furiosa masa roja envolviendo a todo Chicago. Ningún aeroplano podía aterrizar, ni tampoco ninguno podía despegar. Así que me acomodé en el salón, rodeado de ventanas, y contemplé la tormenta que pasaba. La lluvia y el viento golpeaban contra el cristal tan fuertemente que en realidad podía ver que las ventanas se estremecían.

De repente hubo un momento de claridad y verdad. Yo estaba rodeado de una tempestad. En realidad, me hallaba sentado en el mismo centro de la tormenta. Sin embargo, descansaba en un sillón cómodo, con una taza de café en la mano, trabajando en mi computadora, y tan seguro como cualquiera pudiera estarlo. Me encontraba protegido en medio de la tormenta.

Esto es lo que Dios nos ofrece cuando nos da su paz. Nos ofrece refugio de las tormentas de la vida, de todas ellas. No dice que hará que desaparezcan, o que nunca ocurrirán. Simplemente nos dice que si mantenemos nuestras mentes y corazones en Él, nos dará perfecta paz.

> *Oye, oh Dios, mi clamor;*
> *A mi oración atiende.*
> *Desde el cabo de la tierra clamaré a ti, cuando mi corazón*
> *desmayare.*
> *Llévame a la roca que es más alta que yo,*
>
> *Porque tú has sido mi refugio,*
> *Y torre fuerte delante del enemigo.*
> *Yo habitaré en tu tabernáculo para siempre;*
> *Estaré seguro bajo la cubierta de tus alas.*
>
> —Salmos 61.1–4

CAPÍTULO 4

UNA VIDA DE PERSEVERANCIA

Pesos más grandes, levantados pocas veces seguidas,
producen mayor fuerza. Pesos más ligeros, levantados
con más repeticiones, producen mayor resistencia.

Cuando estoy en casa en San Diego, todas las mañanas voy a un gimnasio para hacer ejercicio con un entrenador. Se llama Todd Durkin y es uno de los mejores del país; conocerlo ha sido una de las mejores cosas que me han sucedido en años recientes. Además de ser un increíble experto en preparación física y un motivador dinámico, Todd también es un seguidor de Cristo.

Él y yo a menudo hablamos de las similitudes entre el entrenamiento físico y el entrenamiento espiritual. Hace poco conversábamos acerca de levantar pesas y los dos enfoques diferentes que los atletas adoptan cuando entrenan. Esto es lo que aprendí: pesos más grandes, levantados pocas veces seguidas, producen mayor fuerza. Pesos más ligeros, levantados con más repeticiones, producen mayor resistencia.

Cuando se trata de la vida, la mayoría podemos levantar grandes pesos si tan solo tenemos que hacerlo una o dos veces. En otras palabras, los problemas serios que vienen y luego desaparecen rápidamente pueden ser dolorosos, pero por lo general resultan manejables. Para mí, los grandes problemas no son los más difíciles.

En lo que a mí respecta, los problemas más difíciles de superar son aquellos que parece que uno nunca logra resolver... los que continúan surgiendo. Dios quiere que seamos hombres y mujeres de fe fuertes. Para lograr eso, estoy convencido de que debemos llegar a ser hombres y mujeres que muestren resiliencia y resistencia. Si no podemos resistir firmes bajo la adversidad de la presión implacable, nos perderemos el gozo de la jornada.

La complejidad de la vida puede hacer que nuestro peregrinaje se sienta como aquellas carreras de obstáculos extremos y carreras de resistencia que vemos por televisión. Esos juegos, cuyos competidores son personas como nosotros, representan una metáfora de la vida de hoy. Las hazañas casi imposibles que ellos deben enfrentar simbolizan las presiones abrumadoras de nuestra vida. Nos identificamos con esos atletas «superhombres promedio». Sus experiencias nos inspiran y alientan. Si ellos pueden resistir, también nosotros. Si ellos pueden aferrarse con las uñas, tal vez nosotros también podamos.

Hay un versículo en la Biblia que nunca deja de presentarme un reto. Es Hebreos 10.36, que simplemente dice:

Perseverar con paciencia es lo que necesitan (NTV).

La perseverancia es necesaria para vivir piadosamente debido a que pocas cosas de la vida son fáciles. En tanto que no debemos enfrentar todos los días con determinación lóbrega, necesitamos algo que nos impulse. La vida requiere una determinación sostenida para permanecer firmes y fieles, paso a paso, día a día y momento a momento. Como León Tolstoi dijo en su obra *La guerra y la paz*: «El que ha emprendido una caminata de mil kilómetros tiene que [...] decirse a sí mismo cada mañana: "Hoy voy a andar treinta kilómetros, y luego a descansar y a dormir"».[1]

Pocos días antes de que empezara a escribir este capítulo, un colega joven que trabaja para mí dijo: «Lo más importante que un líder hace es definir su realidad».

¿Cuál es su realidad? ¿Está usted luchando con alguna enfermedad persistente, una debilidad física o un dolor crónico? ¿Acaso su carrera atlética estuvo plagada de lesiones recurrentes? Tal vez alguna relación personal terminó en desilusión y le partió el corazón. Tal vez usted se preocupa por su matrimonio o se afana por sus hijos. ¿Está batallando con la tensión en su lugar de trabajo o con alguna división en su iglesia? ¿Se siente agobiado? ¿Está trabajando demasiado duro? Tal vez ha cometido un error que lo atormenta o ha sido una víctima al punto de quedar traumatizado.

Pedro les dijo a las personas de su día: «Queridos hermanos, no se extrañen de verse sometidos al fuego de la prueba, como si fuera algo extraordinario» (1 Pedro 4.12, DHH). Yo les he dicho lo mismo a miles de personas. Sigue siendo el mejor consejo.

Las pruebas y los sufrimientos no son únicos para usted ni para mí; son la suerte común de toda la humanidad. Por eso Dios quiere que cultivemos la virtud de la «perseverancia» en nuestras vidas (Gálatas 5.22). Por eso Dios quiere instilarnos la actitud de que «podemos hacerlo», con resistencia sobrenatural, perseverancia y resiliencia. Usted y yo no podemos rendirnos, ni por un momento.

USTED NECESITA LA PERSEVERANCIA

Esa exhortación del capítulo 10 indica el tema de toda la Carta a los Hebreos. Cada libro de la Biblia tiene su propio mensaje especial para nosotros y creo que Dios puso Hebreos en la Biblia cerca del fin del Nuevo Testamento como una fuente de ánimo para que perseveremos. Si alguna vez se ha visto tentado a rendirse demasiado pronto —y siempre es demasiado pronto para darse por vencido— estudie el libro de Hebreos. Su principal propósito en verdad es darnos razones para continuar avanzando cuando estamos cansados del camino.

No sabemos el nombre del escritor de Hebreos, pero tenemos un indicio poderoso con respecto a su trasfondo. En el capítulo 10, el escritor identifica a sus destinatarios. Les escribe a personas que habían llegado a ser seguidores de Cristo años antes, y que resistieron una oleada inicial de oposición y persecución brutal. En el entusiasmo de su fe recientemente hallada, resistieron y sobrevivieron a la masacre. Eran jóvenes y estaban entusiasmados, y listos, si fuera necesario, para morir por Cristo.

Sin embargo, no tuvieron que morir por Cristo en los primeros días de su fe, y con el tiempo las presiones se redujeron y las cosas se tranquilizaron. La persecución menguó y se volvió manejable. Ellos se sintieron más cómodos, tal vez incluso apáticos. Tal vez bajaron un poco la guardia. Envejecieron.

Luego, un día, su situación se desestabilizó, y la amenaza de la persecución surgió de nuevo como un tsunami que se dirigía derecho contra ellos. Las cosas se pusieron más peligrosas en ese momento. De nuevo esos cristianos enfrentaron la perspectiva de sufrir grandemente por su fe, pero esta vez sentían menos celo juvenil. Temieron por el futuro, y algunos de ellos se vieron tentados a darse por vencidos y volver a su antigua manera de vivir.

El escritor del libro de Hebreos alude a ese trasfondo y exhorta a sus lectores:

Pero traed a la memoria los días pasados, en los cuales, después de haber sido iluminados, sostuvisteis gran combate de padecimientos; por una parte, ciertamente, con vituperios y tribulaciones fuisteis hechos espectáculo; y por otra, llegasteis a ser compañeros de los que estaban en una situación semejante. Porque de los presos también os compadecisteis, y el despojo de vuestros bienes sufristeis con gozo, sabiendo que tenéis en vosotros una mejor y perdurable herencia en los cielos. (Hebreos 10.32–34)

Luego vienen los versículos a los que ya me referí anteriormente: Dios nos presenta a usted y a mí un reto conforme enfrentamos las situaciones de agotamiento o ansiedad, Hebreos 10.35, 36: «No perdáis, pues, vuestra confianza, que tiene grande galardón; porque os es necesaria la paciencia, para que habiendo hecho la voluntad de Dios, obtengáis la promesa».

Tal vez no considere que la perseverancia sea una de sus destrezas para la vida... todavía. No obstante, le aseguro que la perseverancia se puede aprender. Las siguientes son siete estrategias clave para ayudarle a cultivar esta virtud en su vida, tomadas del libro número 58 de la Biblia.

ABRACE SU ADVERSIDAD

La Biblia es muy clara en cuanto a la forma en que Dios les enseña perseverancia a sus hijos: «Amados hermanos, cuando tengan que enfrentar cualquier tipo de problemas, considérenlo como un tiempo para alegrarse mucho porque ustedes saben que, siempre que se pone a prueba la fe, la constancia tiene una oportunidad para desarrollarse. Así que dejen que crezca, pues una vez que su constancia se haya desarrollado plenamente, serán perfectos y completos, y no les faltará nada» (Santiago 1.2–4, NTV).

El apóstol Pablo dice lo mismo en Romanos 5: «Y no sólo esto, sino que también nos gloriamos en las tribulaciones, sabiendo que la tribulación produce paciencia; y la paciencia, prueba; y la prueba, esperanza» (vv. 3, 4).

La adversidad desarrolla la perseverancia; la perseverancia produce el carácter; y los individuos de carácter llegan a ser personas de esperanza. Esto es madurez a los ojos de Dios. Las personas así son completas, no les falta nada. Este es el secreto bíblico de la madurez espiritual.

Cuando la madurez reina en su vida, usted tiene confianza, valor y compasión. La confianza emana de su corazón y persiste en usted debido a que sabe quién es. El valor lo capacita para que avance al territorio desconocido de la conducta sin egoísmo debido a que no está pensando solo en sí mismo. Su compasión se vuelve su característica, manifestándose de una manera que sana y cambia a los que lo rodean. Al atravesar pruebas y retos, usted persevera debido a que su resistencia lo ha hecho fuerte.

¿No es así como les enseñamos a nuestros hijos? No es fácil para nosotros, en calidad de padres, ver a nuestros hijos tratar y fallar, pero sabemos lo importante que resulta que ellos aprendan a persistir en los esfuerzos apropiados. Nuestra tarea es ayudarlos a aprender las recompensas de la perseverancia.

La doctora Rachel Bryant, psicóloga clínica de New York, publicó un artículo titulado: «Los niños aprenden cuando perseveran», en el cual explica lo siguiente:

El poder de perseverar es una de las cosas más importantes y, sin embargo, más difíciles de enseñarles a los hijos. Si les enseñamos a perseverar, entonces les damos sus metas. Si no les enseñamos cómo esforzarse ellos mismos, entonces todo el amor y tutoría del mundo jamás resultarán en que alcancen su potencial [...]

El éxito requiere capacidad, pero la capacidad no basta. Muchos chicos brillantes que pasan sin dificultad los grados elementales se hallan de súbito abrumados en el quinto o sexto grado de primaria cuando el trabajo requiere más esfuerzo [...]

Cualquiera que sea la tarea, construir una torre, armar un aeroplano modelo, leer un capítulo de estudios sociales o resolver una página de problemas de aritmética, primero haga que su hijo o hija sepa que usted se alegra de verlo intentándolo, y con su presencia ayúdelos a esforzarse ellos mismos apenas unos pocos minutos más.[2]

A los quince años, Katie Ledecky, una nadadora estadounidense de competencias, asombró al mundo de la natación ganando la medalla de oro en los ochocientos metros estilo libre en los Juegos Olímpicos de Londres. Cuatro años después, fue la atleta más condecorada en los Juegos Olímpicos de Río de Janeiro en el 2016. En el momento en que escribo estas líneas, ella ha ganado la medalla de oro olímpica cinco veces y ha roto trece récords mundiales.

Los logros excepcionales de Ledecky no se pueden exagerar. El mundo tiene muchos campeones, pero Ledecky se destaca debido a su margen de victoria. Ella compite en una liga propia.

«Katie es la mejor atleta del mundo de hoy y por un gran margen», dice Michael J. Joyner, investigador de la clínica Mayo de Rochester, Minnesota, que se especializa en el desempeño y la fisiología humanos. «Ella domina por el margen más amplio en los deportes internacionales, ganando por el uno o dos por ciento [...] Es simple y absolutamente asombroso».[3]

El uno o dos por ciento puede que no parezca gran cosa, pero Joyner explica que si Ledecky compitiera en los diez mil metros (la competencia de pista y campo más larga en los Olímpicos) y ganara por el uno o dos por ciento, ganaría por unos inauditos cien metros. Si compitiera como ciclista en el Tour de Francia, ganaría por unos inconcebibles treinta o cuarenta minutos, en lugar de unos pocos minutos o incluso segundos.

¿Cómo es que Katie Ledecky ha llegado a ser una campeona tan persistente? Más importante para nuestro punto aquí, ¿cómo sigue haciéndolo año tras año?

Diciéndolo de manera simple: ella se entrena para ello, incansablemente. Tiene determinación, es disciplinada, y está dispuesta a someterse al esfuerzo diario de la práctica y el trabajo para realizar desempeños excepcionales, una y otra vez.

La meta de Ledecky no es ganar e irse con la medalla de oro en la mano. Su meta es siempre mejorar su mejor marca, por lo que continuamente rompe sus propios récords mundiales (lo que ha hecho repetidas veces).[4] Ella recibe entrenamiento experto y lo pone en práctica. Tiene un plan de entrenamiento diseñado para ayudarla a ganar y lo sigue. Abraza la adversidad como herramienta de adiestramiento, escogiendo entrenar contra nadadores competitivos varones y, frecuentemente, les gana. Con suficientes galardones para jubilarse y seguir siendo una leyenda, Ledecky continúa incitándose a sí misma a crecer *a fin de perseverar*.

Como Katie Ledecky, nosotros también podemos escoger la perseverancia. Podemos seguir el entrenamiento del Hijo del hombre y los apóstoles; podemos seguir un plan de adiestramiento dado por Dios. Y nosotros, también, podemos abrazar la adversidad como oportunidad para crecer en fortaleza.

No siempre sabemos por qué la vida requiere tanto esfuerzo ni por qué las adversidades llegan inesperadamente a nuestra puerta; solo la eternidad revelará los propósitos de algunos de nuestros sufrimientos. Sin embargo, basados en el mensaje de Hebreos, además de Santiago 1.2–4 y Romanos 5.3, 4, sabemos que Dios quiere usar nuestros problemas para desarrollar en nosotros la cualidad de la perseverancia, lo que representa la misma esencia del carácter y la madurez.

RODÉESE DE CAMPEONES

Hebreos 12 empieza con la expresión *por tanto*. Probablemente ha oído a alguien decir: «Siempre que uno ve la expresión "por tanto", debe tratar de descubrir por qué está allí». Uno por lo general descubre el propósito del «por tanto» al revisar los versículos previos. Y ese es el caso aquí.

Hebreos 11 es uno de los capítulos más famosos de toda la Biblia. A veces se le llama el «Salón de la Fama» de la Biblia o, incluso mejor, el «Salón de la Fe».

Los personajes que se mencionan en este capítulo son algunas de las personas de fe más grande en la historia. Una de las características comunes de sus vidas fue su perseverancia o persistencia frente a obstáculos insuperables. En el capítulo 12 se nos presenta el reto de permitir que estos hombres y mujeres nos impulsen a niveles más altos de perseverancia, persistencia y logro. Lea estas palabras de apertura: «Por tanto, nosotros también, teniendo en derredor nuestro tan grande nube de testigos [...] corramos con paciencia la carrera que tenemos por delante» (v. 1).

Cuando el escritor llama «testigos» a estos paladines de la fe, tenemos que entender lo que quiere decir. Hay dos clases de testigos:

testigos «que vieron» y testigos «que dicen». Cuando las personas observan un accidente, decimos que «presenciaron» el suceso. ¡Lo *vieron*! Sin embargo, cuando se les llama a la corte para que informen lo que vieron, entonces se convierten en testigos «que dicen». Los testigos de Hebreos 11 son testigos «que dicen».

En otras palabras, no están testificándonos como si estuvieran apoyados contra el barandal del cielo mirándonos a nosotros abajo. Esto quiere decir que son testigos, inspirándonos con el testimonio de su fe, perseverancia y resistencia.

Permítase a usted mismo ser impulsado a la fortaleza y la perseverancia por medio del ejemplo de otros, ya sea que se trate de personajes bíblicos, héroes de la historia o individuos que conoce personalmente.

El nombre del gimnasio donde hago ejercicio se llama Fitness Quest. Cuando entro por la puerta de sus instalaciones cada mañana, lo primero que veo son docenas de retratos de atletas. Son personas que se entrenaron en ese lugar y luego fueron a triunfar. ¡Al empezar mi rutina, estoy rodeado de algunos de los atletas más grandes del mundo! Cuando observo lo que ellos hacen a fin de prepararse para sus temporadas de competencia, al principio me siento abochornado y luego inspirado. Simplemente estar entre ellos hace que quiera hacerlo mejor.

Tal vez usted está pensando: *Yo no tengo ningún campeón en mi mundo.*

Piénselo de nuevo.

Todos los paladines mencionados en Hebreos habían estado muertos por siglos. Ninguno de los testigos de Hebreos 11 se encontraba vivo cuando se escribió ese libro.

No obstante, aun cuando estaban muertos, todavía hablaban por medio de sus palabras escritas y el historial de su peregrinaje de fe. Es lo mismo para nosotros hoy. Somos motivados, animados y desafiados por las vidas de hombres y mujeres que han estado muertos mucho más de lo que nosotros hemos estado vivos.

A algunos les encanta ver películas. A otros les encantan los audiolibros. A mí me encanta leer. Me rodeo de vencedores leyendo las experiencias de hombres y mujeres que libraron las mismas batallas que yo estoy librando y, mediante la perseverancia y la resistencia, ganaron. No importa cómo disfruta usted de las historias: películas, televisión, libros en audio o impresos. Llene su mundo de campeones aprovechando las experiencias de personas que lo inspiran.

Todo hombre o mujer con una experiencia apasionante ha enfrentado alguna gran adversidad, a veces mucho más allá de lo que parecen ser los límites de la resistencia humana. Una de las mejores cosas, y de las más disfrutables, que podemos hacer para cultivar la resistencia en nuestra vida es aprender cómo otros la lograron en la suya.

ENCUENTRE SU PASIÓN Y PERSÍGALA

Este año leí la biografía de Eliezer Ben Yehuda. Me interesó su experiencia debido a que hay una calle en Jerusalén que lleva su nombre. Le pregunté a un amigo quién había sido y por qué fue lo suficientemente importante como para que su nombre apareciera en un rótulo en una calle en el centro de una de las ciudades más importantes del mundo. En lugar de responder a mi pregunta en el momento, mi amigo me dio un libro sobre la vida de Ben Yehuda.

En el prólogo de ese libro de Robert St. John aparece esta declaración:

[Esta] es la experiencia de un fanático fiel que [...] convirtió en enemigos a sus mejores amigos, fue a la cárcel por sus creencias, siempre estuvo al borde de la muerte por la tuberculosis y, sin embargo, tuvo once hijos, reunió material para un diccionario de diecisiete volúmenes que no se parece a ninguna otra obra filológica jamás concebida [...] y murió mientras trabajaba en la palabra «alma».[5]

Ben Yehuda dedicó su vida a la restauración del idioma hebreo para los judíos. ¡Durante cuarenta y un años no vivió para otra cosa! El relato de su dedicación total a la consecución de su visión define la palabra *perseverancia*. Debido a él, los judíos ya no hablan ciento cincuenta idiomas separados. Su «lengua nacional es un círculo ininterrumpido; el idioma nacional del Estado de Israel es el hebreo».[6]

Cuando Ben Yehuda empezó a trabajar en su sueño, el hebreo se hablaba solo en contextos religiosos. No se había usado en la vida diaria por dos mil años. Pero él vivió para ver el día cuando prácticamente todo judío en su país escribiera en el formulario del censo, bajo «lengua materna», la palabra *hebreo*.[7]

Vivió para ver el día cuando el hebreo fuera el idioma de las cortes, el teatro, los negocios, la sociedad y los asuntos públicos.

Durante los cuarenta y un años en que él había luchado para lograr esto, a menudo lo habían llamado «fanático». Después de su muerte, un panegírico añadió una palabra al epíteto, convirtiéndolo en su epitafio:

AQUÍ YACE ELIEZER BEN YEHUDA
FANÁTICO FIEL[8]

¡Cuando terminé de leer ese libro, sentí en mi corazón un ardiente deseo de ser un «fanático fiel»!

El relato bíblico del apóstol Pablo rivaliza con cualquier biografía moderna. Como otros que hemos mencionado, vivió para un propósito.

En el capítulo 1 del libro de Romanos se identifica como «siervo de Jesucristo, quien me designó para ser apóstol» (1.1, PDT).

En su segunda carta a los creyentes de Corinto detalla lo que soportó para llevar a cabo la tarea que le fue asignada:

Fui azotado innumerables veces y enfrenté la muerte en repetidas ocasiones. En cinco ocasiones distintas, los líderes judíos me dieron treinta y nueve latigazos. Tres veces me azotaron con varas. Una vez fui apedreado. Tres veces sufrí naufragios. Una vez pasé toda una noche y el día siguiente a la deriva en el mar. He estado en muchos viajes muy largos. Enfrenté peligros de ríos y de ladrones. Enfrenté peligros de parte de mi propio pueblo, los judíos, y también de los gentiles. Enfrenté peligros en ciudades, en desiertos y en mares. Y enfrenté peligros de hombres que afirman ser creyentes, pero no lo son. He trabajado con esfuerzo y por largas horas y soporté muchas noches sin dormir. He tenido hambre y sed, y a menudo me he quedado sin nada que comer. He temblado de frío, sin tener ropa suficiente para mantenerme abrigado. (2 Corintios 11.23–27, NTV)

Pablo sabía de lo que estaba hablando cuando le escribió a su joven protegido Timoteo estas palabras: «Tú, pues, sufre penalidades como buen soldado de Jesucristo» (2 Timoteo 2.3).

DESHÁGASE DE LO QUE LO REFRENA

Como un nadador o corredor que se prepara para competir, deshagámonos de todo lo que nos agobia o impide nuestro progreso. «Despojémonos de todo peso y del pecado que nos asedia» (Hebreos 12.1).

Este es un excelente momento para hacer una pausa y llevar a cabo un breve examen propio. ¿Está estorbándole la incredulidad? ¿Algún hábito está impidiendo su avance espiritual? ¿Hay algún pecado que lo desmoraliza? ¿Está enfurruñado cuando debería estar cantando? ¿Qué cambio necesita hacer a fin de continuar avanzando en la fortaleza del Señor?

Dentro del contexto de Hebreos 10—12, el más grande estorbo para los cristianos era la incredulidad insidiosa. Estos creyentes se habían olvidado del poder y las promesas de Jesucristo, y estaban pensando en volver a su vida anterior para evadir la oleada de persecución que se avecinaba. No obstante, el escritor de Hebreos les advierte contra eso, diciendo que Jesús era mejor que cualquier cosa que ellos hubieran conocido en el pasado y que Él nunca los dejaría ni los abandonaría.

Dios nos dio el libro de Hebreos a fin de que podamos examinarnos a nosotros mismos cuando nos desalentamos, reconozcamos y confesemos nuestra incredulidad, la hagamos a un lado, y nos libremos del pecado de la duda que tan fácilmente nos enreda.

Todos sabemos, por experiencia dolorosa, que la incredulidad erosiona nuestra confianza en la capacidad de Dios para superar nuestras situaciones, y que siembra en nuestros corazones las semillas de la autocompasión. En lugar de declarar: «¡El Señor puede con esto!», decimos: «Ay, ¿por qué me sucede esto? ¿Qué voy a hacer?».

La autocompasión es una forma de incredulidad particularmente dañina. Nos volvemos egocéntricos en lugar de centrarnos en el Salvador. Ya no pensamos que Dios tiene el control de nuestra vida, así que permitimos que nuestro enfoque pase de su soberanía a nuestros conflictos. Los que sienten lástima de sí mismos entran en un ciclo negativo que es difícil de romper.

Si usted se está sintiendo desalentado lo suficiente como para pensar en darse por vencido, pregúntese si la autocompasión ha empezado a crecer en su corazón como el moho en un sótano húmedo. Confiéselo. Deshágase de todo peso y del pecado que tan fácilmente lo enreda, y dese cuenta de que con la ayuda de Jesús puede hacerle frente a los retos y seguir avanzando. No se enfoque en lo que ha perdido, sino en lo que le queda, porque lo que le queda incluye todo el poder y las promesas de Dios por medio de Jesucristo.

A veces lo que nos estorba es un «quién» y no un «qué». A veces hay personas en nuestra vida que nos impiden que crezcamos para ser hombres y mujeres llenos de perseverancia. Si somos sinceros con nosotros mismos, por lo general sabemos quiénes son. Sin embargo, a menudo haremos casi hasta lo imposible para no reconocerlo... incluso ante nosotros mismos.

¿Por qué? Porque las relaciones personales están repletas de emoción y nuestras propias expectativas. Nos quedamos merodeando en relaciones insalubres por muchas razones: la fuerza del hábito, la conveniencia, la evasión del cambio, el temor a quedarnos solos, incluso una convicción de que vamos a «enmendarlos». O tal vez nos quedamos por razones que pensamos que son buenas; nos decimos a nosotros mismos que estamos siendo leales, o racionalizamos la conducta porque entendemos por qué él o ella es como es, o tal vez pensamos que abandonar esa relación no sería cristiano.

Si esto le suena familiar, hágase estas preguntas serias: *¿estoy verdaderamente ayudando a mi amigo a avanzar o más bien es que mi amigo está impidiéndome seguir adelante? ¿Está mi amigo causando que me quede atascado en el nivel en que estoy o incluso haciéndome retroceder?*

Si su amigo le está impidiendo seguir adelante, usted está pagando un precio que no puede permitirse. Es profundamente difícil avanzar cuando alguien nos drena la energía y la actitud positiva. Usted debe avanzar más allá de aquellos que no son vencedores o que no están esforzándose por serlo. ¿Es cristiano hacer eso? Absolutamente lo es.

Todos batallamos con esto en algún momento de nuestra vida. El círculo de amigos que verdaderamente nos sostienen a cada uno de nosotros es pequeño y, en ese círculo, no hay espacio para todos. Conforme uno crece en la fe, y Dios le da a uno más influencia, esto puede llegar a ser un asunto incluso más serio.

Rodéese de personas que lo animen o que quieran trabajar con usted conforme los anima a ellos. Disponga su corazón y sus conversaciones para hablar sobre Dios, la fe y las Sagradas Escrituras. Cuando usted empiece a hacer esto, Dios le dará el discernimiento para saber cuáles relaciones personales cultivar y cuáles dejar a un lado.

NI SIQUIERA PIENSE EN DARSE POR VENCIDO

La perseverancia requiere un firme sentido de resolución. Tenemos que decidir que no vacilaremos ni nos daremos por vencidos. Hebreos 12.1 lo dice de esta manera: «Corramos con paciencia la carrera que tenemos por delante».

El imperativo en primera persona del plural aparece trece veces en Hebreos y habla de nuestras alternativas. Sí, Dios nos ayuda y nunca podremos lograrlo sin su gracia. No obstante, nosotros también tenemos una parte que hacer.

Harriet Beecher Stowe, una mujer profundamente espiritual y autora de la novela *La cabaña del tío Tom*, dijo: «Cuando llega a un lugar estrecho, y todo marcha contra usted hasta que parece que no puede soportar ni un solo minuto más, *nunca se dé por vencido*, porque ese es justo el lugar y el momento en que la marea cambiará».[9]

Grit [Agallas] es un libro que escribió una asombrosa escritora llamada Angela Duckworth. «Echando mano de su propia experiencia poderosa como hija de un científico que frecuentemente notaba que a ella le faltaba "genio", Duckworth, ahora una reconocida profesora e investigadora, describe sus primeras aventuras aleccionadoras en la enseñanza, la consultoría de negocios y la neurociencia, las cuales la llevaron a la hipótesis de que lo que realmente impulsa el éxito no es el "genio", sino una combinación única de pasión y perseverancia a largo plazo».[10]

Ella define lo que significa tener agallas simplemente como «ser agalludo».

«Ser agalludo es simplemente continuar poniendo un pie delante del otro. Ser agalludo es aferrarse firmemente a una meta interesante y con un propósito. Ser agalludo es dedicarse, día tras semana tras año, a una práctica retadora. Ser agalludo es caerse siete veces, y levantarse ocho».[11]

Angela relata docenas de experiencias de personas que pagaron el precio para triunfar mediante la determinación y la perseverancia. Una de mis favoritas se relaciona con el actor Will Smith, quien explica su éxito en la industria del entretenimiento de esta manera:

> Lo único que veo que resulta particularmente diferente en mí es esto: no tengo miedo de morirme en una máquina de trotar. Nadie me va a ganar, punto. Usted puede tener más talento que yo, puede ser más ingenioso que yo [...] Puede ser todas esas cosas. Ganarme en nueve categorías. No obstante, si nos subimos al mismo tiempo a una máquina de trotar, suceden dos cosas. Usted se va a bajar primero o yo voy a morir. Es realmente así de sencillo.[12]

El finado novelista Irving Stone estudió a algunos de los más grandes e interesantes personajes de la historia y escribió novelas biográficas sobre ellos; personajes como Vincent van Gogh, Miguel Ángel y Abraham Lincoln. Después de años de investigación, dijo: «Escribo acerca de personas que en algún momento en su vida tuvieron una visión o sueño de algo que deberían lograr, y entonces se pusieron a trabajar. Los golpearon en la cabeza, los derribaron, los denigraron y por años no llegaron a ninguna parte. Sin embargo, cada vez que los derribaban, se levantaban. No se puede destruir a esas personas. Y al final de sus vidas habían logrado alguna modesta parte de aquello que se propusieron hacer».[13]

La Biblia dice que debemos correr con perseverancia la carrera que tenemos por delante. No debemos darnos por vencidos. No todos podemos ser atletas olímpicos; pero todos podemos ser soldados de la cruz y todos podemos correr con perseverancia la carrera que tenemos por delante, mirando a Jesús, quien es el autor y consumador de nuestra fe. Las carreras de obstáculos no son obstáculos para Aquel que puede hacer todas las cosas o para los que pueden hacerlo todo por medio de Cristo que los fortalece.

NUNCA DEJE DE LOGRAR

Muchos han atravesado períodos de desaliento y agotamiento en sus cuerpos y almas. Eso nos sucede a todos. Conozco personas que pasaron toda su vida preparándose para su tiempo de jubilación, esperando disfrutar de sus años de ocaso viajando con su cónyuge y viendo el mundo. Y nada de eso sucedió. En algunos casos la discapacidad y la muerte se entrometieron; en otros hubo reveses financieros. Como los hebreos de los días del Nuevo Testamento, se vieron tentados a descorazonarse.

¡No se dé por vencido ahora! Confíe en Dios, siga avanzando y gane la victoria en Cristo. La persistente gracia de Dios lo capacitará para que usted alcance aquellas cosas que están por delante con fe y victoria.

Y no tiene que hacerlo solo. Cuenta con la inspiración que viene de los héroes de la fe de Dios, el examen que nos lleva a deshacernos de las cargas y pecados que nos estorban, la determinación ordenada por Dios para correr con paciencia la carrera, y la expectativa dada por Dios de mirar a Jesús y el gozo puesto delante de nosotros. «No perdáis, pues, vuestra confianza, que tiene grande galardón; porque os es necesaria la paciencia, para que habiendo hecho la voluntad de Dios, obtengáis la promesa» (Hebreos 10.35, 36).

En nuestro programa nacional por televisión a principios del 2017 relaté la experiencia de Erik Weihenmayer, el primer ciego que remontó con éxito la cumbre del Everest, el punto más alto de la tierra. La experiencia de esa hazaña titánica se relata en el libro *Tocar la cima del mundo*.[14] Poco después de que se trasmitió ese programa de televisión, recibí una carta del padre de Erik. Esto es parte de lo que él escribió:

> Cuando estaba acabando de descender del Everest, el guía de su equipo le dijo estas palabras que afectaron profundamente el próximo capítulo de su vida: *No dejes que el Everest sea lo más grande que jamás hayas hecho*, queriendo decir que no levantara un mausoleo con sus trofeos y se durmiera sobre sus laureles. Muchos años más tarde, después de seis años de intenso entrenamiento, remontó solo en kayak los poderosos rápidos del Gran Cañón, unos cuatrocientos kilómetros, lo cual es una hazaña más difícil que el Everest.
>
> Sin embargo, el más grande logro de Erik, según su criterio, es la fundación de la organización No Barriers [Sin Barreras], dedicada a ayudar a las personas que enfrentan retos a alcanzar el próximo peldaño de la escalera para que lleguen a ser lo mejor que puedan ser, y añadir su energía, pasión y sueños a este mundo que los necesita tanto. Después de doce años de operación, No Barriers impacta a cinco mil personas anualmente: soldados heridos, parapléjicos, amputados,

víctimas de embolias, los que tienen retos mentales, ciegos, etc. Imagínese a una persona sin brazos yendo en kayak, una persona sin extremidades escalando el Kilimanjaro, parapléjicos montando bicicletas de montaña y un violinista con un solo brazo tocando Sublime Gracia sobre el pico de una montaña. Esto es No Barriers.

Tengo programado conocer a Eric en el futuro cercano, y casi ni puedo esperar para estar en presencia de este campeón que a pesar de su ceguera escaló la montaña más alta del mundo y continúa haciendo lo imposible.

MANTÉNGASE ENFOCADO EN LA META

La perseverancia exige expectativa. Debemos enfocarnos en Jesús y el gozo que Él pone delante de nosotros. Hebreos 12.1–3 termina con esta gloriosa exhortación:

> Corramos con perseverancia la carrera que Dios nos ha puesto por delante. Esto lo hacemos al fijar la mirada en Jesús, el campeón que inicia y perfecciona nuestra fe. Debido al gozo que le esperaba, Jesús soportó la cruz, sin importarle la vergüenza que esta representaba. Ahora está sentado en el lugar de honor, junto al trono de Dios. Piensen en toda la hostilidad que soportó por parte de pecadores, así no se cansarán ni se darán por vencidos. (NTV)

Hacia el final de su vida el gran apóstol Pablo hablaba de su objetivo. Esto es lo que dijo: «Prosigo a la meta, al premio del supremo llamamiento de Dios en Cristo Jesús» (Filipenses 3.14).

El maestro bíblico John Phillips escribió: «Debemos considerar a Jesús; eso evitará que desfallezcamos, evitará que nos desalentemos. Él es el gran alentador para fortalecer el alma al máximo. Cuando nos veamos tentados a darnos por vencido, solo necesitamos pensar:¡Él está observando! ¡Qué impacto produce, incluso en los asuntos humanos, saber que en alguna gran competencia un ser querido está anhelantemente observándonos para vernos ganar!».[15]

Jesús soportó la cruz porque esperaba el gozo que seguiría, por eso debemos fijar en él nuestra mirada. Nosotros perseveramos porque él perseveró y todavía persevera, tanto ahora como para siempre. Ciertamente, no es exageración decir que nuestra capacidad para perseverar ante lo que sea que la vida nos depare se arraiga y fundamenta en la cualidad perseverante de Dios, de la cual se habla en toda la Biblia, especialmente en el libro de Salmos.

La vida requiere perseverancia, pero no tenemos que perseverar con nuestras propias fuerzas o seguir avanzando a base de pura fuerza de voluntad solamente. Más bien, fijamos nuestros ojos en Jesús, y perseveramos y prosperamos debido a que Él perseveró. Somos «fortalecidos con todo poder, conforme a la potencia de su gloria, para toda paciencia y longanimidad; con gozo» (Colosenses 1.11-12).

En su famoso libro *Empresas que sobresalen*, Jim Collins relata lo siguiente:

El grupo de entrenadores de un equipo de corredores a campo traviesa de una escuela secundaria [...] se reunió para almorzar después de ganar su segundo campeonato estatal en dos años. El programa había sido transformado —en los cinco años previos— de bueno (entre los mejores veinte en el estado) a grande (contendientes constantes en el campeonato estatal, tanto para el equipo masculino como femenino).

«No lo entiendo», dijo uno de los entrenadores. «¿Por qué tenemos tanto éxito? Nosotros no trabajamos más duro que los otros equipos. Y lo que hacemos es simplemente muy sencillo. ¿Por qué funciona?».

Se refería al «concepto del erizo» del programa, captado en la sencilla declaración: corremos mejor al final. Corremos mejor al final de los entrenamientos. Corremos mejor al final de las carreras. Y corremos mejor al final de la temporada, cuando más importa. Todo está dirigido a esta idea sencilla y el personal de entrenadores sabe cómo producir este efecto mejor que cualquier otro equipo del estado. Por ejemplo, ponen a un entrenador en la marca de los tres kilómetros (en la carrera de cinco kilómetros) para recoger información conforme los corredores pasan [...] Entonces los entrenadores calculan, no cuán rápido están corriendo los corredores, sino *cuántos competidores pasan al final de la carrera*, desde el kilómetro tres hasta la llegada [...] Los chicos aprenden cómo establecer su propio ritmo y corren con confianza: «Corremos mejor al final», piensan luego de una carrera difícil. «¡Así que, si a mí me duele mucho, entonces a mis competidores debe estar doliéndoles mucho peor!».[16]

Pienso que nos acercamos al fin y, por consiguiente, debemos correr como nunca antes... debemos correr con perseverancia y paciencia. ¡Necesitamos correr para ganar!

Y esto, conociendo el tiempo, que es ya hora de
levantarnos del sueño; porque ahora está más cerca de
nosotros nuestra salvación que cuando creímos.

—Romanos 13.11

CAPÍTULO 5

UNA VIDA DE COMPASIÓN

*La simpatía es algo que uno siente; la
compasión es algo que uno muestra o,
incluso mejor, algo que uno hace.*

Cuando la hermana de Sylvie de Toledo murió por una sobredosis de drogas, dejó huérfano a su hijo Kevin, de ocho años. Los padres de Sylvie de inmediato recibieron a Kevin y lo criaron desde entonces. No fue fácil y Sylvie, que era trabajadora social, vio lo que eso le costó al matrimonio y a la salud de sus padres.

En su trabajo, Sylvie estaba viendo cada vez más abuelos que lidiaban con la misma situación. Sabía que se sentían aislados y solos. Impulsada a ayudar, empezó un pequeño grupo de apoyo para unos diez abuelos que estaban criando a sus nietos. Pronto, estaban asistiendo tantos que Sylvie tuvo que hacer más. Así que empezó su propia organización sin fines de lucro: Abuelos como Padres.

Casi treinta años más tarde, Abuelos como Padres ayuda a más de tres mil familias al año, proveyendo dirección, ayuda financiera, asesoramiento legal y respaldo emocional.

Hoy, casi tres millones de niños en Estados Unidos están siendo criados por sus abuelos. Muchos viven con ingresos fijos y no se encuentran preparados para los costos financieros y emocionales de criar a los hijos de sus hijos.

«Hemos visto a un incontable número de familias que cargaron al máximo las tarjetas de crédito y agotaron todos sus ahorros incluso antes de pedir ayuda», dice Sylvie.

Su organización se ha convertido en «un almacén de todo surtido para los que cuidan parientes». Más del noventa por ciento de las personas a quienes ayudan son abuelos; pero también tías, tíos, hermanos y amigos íntimos han salido al paso para cuidar a los niños cuando sus padres biológicos no pueden, y Sylvie los ayuda a todos.

«Demasiadas veces estas familias están completamente abrumadas. Los chicos llegan a su cuidado con un pañal sucio y una camiseta demasiado grande para ellos».

Abuelos como Padres salva familias, mantiene a miles de niños fuera del cuidado temporal del gobierno y trabaja para impedir que separen a los hermanos. Sin embargo, Sylvie acredita a los que cuidan de ser los verdaderos héroes.

«En realidad son los abuelos y parientes que hacen esto quienes merecen el reconocimiento por hacer a un lado sus propias vidas», dice. «Yo pude plantar una semilla con algo que sucedió en mi propia familia [...] A partir de una tragedia familiar, sucedió algo maravilloso».[1]

La compasión es cuestión del momento. Tiene que ver con lo que tengo a mano —dinero, talento, una voz de aliento o un hombro sobre el cual llorar— para cubrir la necesidad de otra persona. La compasión se relaciona con aquellas ocasiones en nuestra vida cuando Dios quiere que seamos el sanador, el ayudador, el héroe en la vida de otra persona.

Sylvie de Toledo actuó con compasión hacia los abuelos que atravesaban una situación similar a aquella con la que había visto a sus padres batallar. Además de ayudarlos mediante su labor como trabajadora social, quería que supieran que no estaban solos y que tenían una comunidad donde podían conversar sobre sus ideas y respaldarse unos a otros. Sylvie hizo lo que podía con lo que tenía. Y lo que ella empezó, Dios lo multiplicó.

En toda la literatura humana no hay mejor ilustración de lo que significa ser compasivo aparte del relato que Jesús contó sobre el buen samaritano. Esta historia, registrada solo en el Evangelio de Lucas, nos enseña que nunca podemos separar nuestra relación con Dios de la que tenemos con nuestro prójimo.

En los capítulos previos he mencionado un pasaje bíblico relacionado con la disciplina que estamos estudiando y luego he concluido el capítulo con algunas sugerencias prácticas de cómo poner en acción esa disciplina. Sin embargo, en este capítulo la historia y las estrategias están tan entrelazadas que no podremos separarlas. Así que en las páginas que siguen descubriremos cómo vivir una vida de compasión *mientras* recorremos la historia del buen samaritano. Después de todo, a menudo son los episodios que encontramos los que cambian nuestros corazones y nos motivan a la acción.

Quiero que empecemos eliminando las cosas que a menudo se pueden tomar erróneamente por compasión.

LA COMPASIÓN NO ES TEÓRICA

Lucas presenta la historia del buen samaritano con una pregunta que le hace al Señor «un intérprete de la ley», quien probando a Jesús (y fanfarroneando también) se puso de pie y preguntó qué debía hacer para heredar la vida eterna.

Jesús respondió haciendo a su vez la pregunta: «¿Qué está escrito en la ley? ¿Cómo lees?».

Y el intérprete de la ley respondió diciendo: «Amarás al Señor tu Dios con todo tu corazón, y con toda tu alma, y con todas tus fuerzas, y con toda tu mente; y a tu prójimo como a ti mismo. Y le dijo: Bien has respondido; haz esto, y vivirás. Pero él, queriendo justificarse a sí mismo, dijo a Jesús: ¿Y quién es mi prójimo?» (Lucas 10.25–29).

Este «intérprete de la ley» había estudiado la ley mosaica. Era lo que hoy llamaríamos un teólogo. A los intérpretes de la ley religiosa de los días de Jesús les encantaba debatir sobre los problemas sociales urgentes de su tiempo... pero no hacían nada al respecto. A menudo tendían trampas con sus debates para evitar sentir alguna responsabilidad personal.

El intérprete de la ley tenía suficiente conocimiento de las Escrituras como para recitar de memoria una de las tesis más importantes del Antiguo Testamento. Sin embargo, no sabía lo que eso significaba en realidad, ni tampoco sabía cómo aplicarlo a su vida. Como ve, no es posible amar al prójimo y no saber quién es. Así que cuando le preguntó a Jesús: «¿Y quién es mi prójimo?», se delató a sí mismo.

En un librito sobre la compasión, Charles Swindoll cuenta un episodio que nos recuerda nuestro potencial para imitar incluso hoy este incidente del Nuevo Testamento. Esto sucedió en un seminario evangélico, en el mismo terreno donde se capacitaba a los futuros ministros. En una clase de griego se asignó como tarea estudiar Lucas 10.25–37, el mismo relato del buen samaritano que estamos considerando.

Estos jóvenes teólogos debían hacer un análisis profundo del texto bíblico, observando y comentando todos los términos principales y factores de sintaxis que valía la pena mencionar. Cada estudiante debía escribir su propia traducción después de haber hecho el trabajo de su comentario.

Como sucede en la mayoría de las clases de idiomas, dos o tres de los seminaristas se interesaron más en las implicaciones prácticas de la tarea que en el estímulo intelectual. La mañana en que debían presentar el trabajo, estos tres se pusieron de acuerdo y llevaron a cabo un plan para demostrar su punto. Uno se ofreció como voluntario para hacer de víctima. Le rasgaron la camisa y el pantalón, le aplicaron lodo encima, salsa de tomate y otros ingredientes que hacían parecer reales todas sus «heridas», le maquillaron los ojos y la cara a fin de que casi ni se le pudiera reconocer, y luego lo pusieron junto a la acera que iba del dormitorio al aula de griego. Mientras que los otros dos estaban escondidos y observaban, el hombre gemía y se retorcía, fingiendo gran dolor.

Ni un solo estudiante se detuvo. Caminaban esquivándolo, saltando por encima de él y diciéndole diferentes cosas.

Sin embargo, nadie se detuvo para ayudar. ¿Cuánto quiere apostar a que su trabajo académico fue impecable... y profundo... y entregado a tiempo?[2]

Nosotros también podemos vernos tentados a ser «estudiantes de la compasión». Podemos disfrutar de los relatos escritos sobre el tema y las películas que tratan de ello. Podemos aplaudir a los que la practican. Pero no le hemos mostrado compasión a nadie a menos que la pongamos en acción.

LA COMPASIÓN NO ES ABSTRACTA

Jesús empieza su historia en el versículo 30: «Un hombre descendía de Jerusalén a Jericó, y cayó en manos de ladrones, los cuales le despojaron; e hiriéndole, se fueron, dejándole medio muerto» (Lucas 10.30).

Jerusalén se halla como a ochocientos metros sobre el nivel del mar y Jericó como a trescientos metros bajo el nivel del mar. Así que el camino donde el viajero fue dejado por muerto era muy empinado, lleno de pendientes estrechas y curvas cerradas que proveían excelentes lugares para que los ladrones se escondieran.

El intérprete de la ley debía haber sabido lo peligroso que era el camino. Pudo imaginarse mentalmente el cuerpo lacerado y herido del viajero. Al relatarle esto, Jesús no le concede al intérprete de la ley terreno para que trate con la compasión en lo abstracto.

Y Jesús tampoco nos permite hoy ser teóricos en cuanto a la identidad de nuestro prójimo.

En el año 2003, California sufrió su incendio forestal más grande en más de un siglo. El «Incendio del Cedro» del sur de California fue una confluencia de quince incendios individuales intensificados por los vientos calientes y secos de Santa Ana. Destruyó más de dos mil trescientas casas e incineró algo así como unas noventa mil hectáreas. Muchas familias de nuestra congregación perdieron sus casas en ese incendio.

En las montañas justo por encima de nuestra iglesia hay un pueblo pequeño llamado Crest. Casi toda familia en Crest fue severamente impactada por el incendio del cedro. Estas personas eran nuestros vecinos y necesitaban desesperadamente nuestra ayuda.

Durante las seis semanas que siguieron adoptamos a la comunidad de Crest. Recogimos frazadas, ropa, zapatos y juguetes. Uno de nuestros matrimonios, David y Debbie St. John, hicieron de Crest su hogar por esas seis semanas. Debbie pasaba largas horas todos los días ayudando a las personas a recuperarse de esse horroroso incendio.[3]

Uno de mis recuerdos más vívidos de ese tiempo fue formar parte de uno de nuestros equipos de ministerio un día. Un acto importante de compasión que les ofrecimos a las familias que perdieron sus viviendas fue ayudarlos a limpiar la losa de concreto donde había estado su casa a fin de que los escombros pudieran ser acarreados y ellos pudieran empezar a reconstruir.

Mientras como equipo ayudábamos a recoger los escombros carbonizados de lo que en un tiempo habían sido sus casas, buscábamos artículos de valor que pudieran haber sobrevivido al incendio. Estoy hablando de joyas y ocasionalmente incluso algunos retratos. Cuando terminábamos, invitamos a la familia que vivía en esa casa a unir sus manos con nuestro equipo en un círculo de oración. Nunca he tenido tanta dificultad para elevar una oración como ese día. Y nunca me sentí tan útil para Dios como pastor e individuo.

Hoy en nuestra iglesia tenemos personas que sintieron por primera vez el amor de Dios durante ese incendio. Antes del incendio eran nuestros vecinos; pero debido al fuego nosotros fuimos prójimos para ellos.

LA COMPASIÓN NO TIENE MIEDO

Jesús continúa la historia diciendo que casualmente un sacerdote pasó por el camino (v. 31). Una vez más, los oyentes de Jesús conocían el trasfondo. El templo requería veinticuatro equipos de sacerdotes y cada grupo tenía permitido servir en el templo propiamente por solo dos semanas al año. El sacerdote que viajaba por ese camino era uno de los doce mil que vivían en Jericó en ese tiempo y tal vez acababa de terminar su turno de dos semanas en el templo. Mientras caminaba, iba recordando y reviviendo el entusiasmo y el gozo de sus catorce días en el lugar más santo de la tierra. Su deseo de servir a Dios debido a la pureza y santidad de que disfrutaba en ese momento estaba en su punto más alto.

De repente, el sacerdote distingue al herido y se ve obligado a confrontar la necesidad y la suciedad del mundo real. ¡Y tiene miedo!

No había manera de que el sacerdote pudiera estar seguro de si el hombre estaba vivo o muerto, y tampoco podía darse el lujo de averiguarlo. Según la ley religiosa de ese tiempo, si el hombre estaba muerto y el sacerdote lo tocaba, habría quedado ceremonialmente impuro por siete días. Así que el sacerdote tomó su decisión, poniendo el esplendor de su experiencia en el templo por encima del clamor de la humanidad sufriente. No solo pasó de largo junto al herido, sino que se movió al otro lado del camino.

LA COMPASIÓN NO ES ANALÍTICA

Es fácil quedarnos paralizados cuando analizamos. Debido a que estamos analizando *todo* lo que hay que hacer, no hacemos *nada*. Esta parálisis por análisis es lo que le sucedió al siguiente personaje en el relato de Jesús.

Jesús continúa: «Asimismo un levita, llegando cerca de aquel lugar, y viéndole, pasó de largo» (v. 32).

El levita era un servidor del templo, un ministro de la adoración religiosa y un intérprete de la ley. Debería haber sentido un gran anhelo de ayudar a essa alma en angustia. Tenía la oportunidad, tenía el conocimiento e incluso tuvo algo más de curiosidad.

El levita en realidad se tomó el trabajo de acercarse y observar a la víctima. Pero entonces actuó de forma impensable: se pasó al otro lado del camino y no hizo ningún esfuerzo por ayudarle. Probablemente supo que el hombre estaba vivo, sufriendo y, sin embargo, despiadadamente no hizo nada.

Algunos creen que el sacerdote pasó de largo y pensó: *Dejaré esto para el levita que viene detrás de mí*. Y el levita pensó que, puesto que el sacerdote pasó de largo, no era bueno para él tampoco, así que siguió su camino. El sacerdote no sirvió debido al levita y el levita no sirvió debido al sacerdote. Mientras tanto, el pobre hombre que había sido golpeado y herido yacía allí muriéndose.

El sacerdote y el levita ilustran el hecho de que el trabajo religioso no hace religioso al trabajador. Probablemente ambos eran buenos en su trabajo oficial al servicio de Dios, pero debido a que les faltó compasión, no comprendieron —no pudieron comprender— lo que en realidad significa servir a Dios.

Ahora que hemos descubierto lo que *no es* la compasión, ¿qué es?

LA COMPASIÓN PUEDE SORPRENDERLO

Ahora Jesús dice:

> Pero un samaritano, que iba de camino, vino cerca de él, y viéndole, fue movido a misericordia; y acercándose, vendó sus heridas, echándoles aceite y vino; y poniéndole en su cabalgadura, lo llevó al mesón, y cuidó de él. Otro día al partir, sacó dos denarios, y los dio al mesonero, y le dijo: Cuídamele; y todo lo que gastes de más, yo te lo pagaré cuando regrese. (Lucas 10.33–35)

Para entender por completo este episodio, hay que saber que había pocas personas que Jesús podía haber utilizado como ejemplo de compasión que hubieran espantado más a sus oyentes, especialmente a aquel «intérprete de la ley». El samaritano era un extranjero, con ropa extraña y un acento extraño. Los samaritanos aborrecían a los judíos y los judíos aborrecían a los samaritanos. Él no es como los demás que participan en la historia, con todos los cuales los oyentes podían identificarse.

De todos aquellos que podrían haber sido un prójimo para este hombre, el que se convirtió en tal cosa debido a la compasión fue un extranjero aborrecido... ¡un samaritano! Este pensamiento habría sido particularmente intolerable para el intérprete de la ley. Imagínese el momento en que Jesús le pregunta al final del episodio cuál de los tres hombres había demostrado ser el prójimo y el intérprete de la ley le contesta: «El que usó de misericordia con él» (v. 37). Ni siquiera fue capaz de mencionar el hecho de que el hombre era un samaritano.

Tal como el Salvador, el samaritano se acercó y actuó como un prójimo. Y, por la manera en que lo hizo, convirtió a su nacionalidad para siempre en sinónimo de bondad y buenas obras. Cuando uno visita las ciudades de nuestra tierra y pasa frente al Hospital del Buen Samaritano, la Clínica del Buen Samaritano, el Asilo del Buen Samaritano o la Iglesia del Buen Samaritano, uno se da cuenta del alcance de este episodio del Nuevo Testamento. No solamente en nuestros corazones, sino a través de milenios en nuestro mundo físico, se continúa rindiendo honor a su compasión.

LA COMPASIÓN ES ASUNTO DE LO QUE USTED VE

El sacerdote, el levita y el samaritano todos *miraron* al viajero. Pero solo el buen samaritano lo *vio*.

Para Jesús, que es el supremo Buen Samaritano, la compasión empezó con lo que vio. La compasión de Jesús se conecta en los evangelios con lo que vio en muchas ocasiones. En Mateo 9, Jesús *vio* a una multitud cansada y confundida, y tuvo compasión de ellos. En Mateo 14, *vio* a otra gran multitud y sanó a los enfermos. En Marcos 6, *vio* a los que estaban como ovejas sin pastor y se conmovió con compasión para enseñarles.

Cuando Jesús miraba a los que lo rodeaban, veía oportunidades para ayudar. Y al verlos, se conmovió con compasión de muchas maneras.

Tuvo compasión por los que estaban perdidos espiritualmente; tuvo compasión por los enfermos; tuvo compasión por los necesitados; tuvo compasión por las viudas y las madres.

Tocó a los leprosos, curó a los enfermos, les mostró amistad a los parias sociales, recibió con agrado a los niños. Sus últimos actos fueron orar por el perdón de sus verdugos, y luego miró junto a Él y tuvo compasión de un ladrón moribundo a quien animó y le aseguró la salvación. En sus horas más hondas de agonía, ni por un momento tomó un receso en lo que respecta a mostrarles compasión a otros. Mientras más difícil se volvía su vida, más personas se arremolinaban a su alrededor con demandas, y mientras más se acercaba a una muerte cruel, más mostraba amor, compasión y perdón.[4]

Cuando Jesús veía a la humanidad quebrantada, su corazón se conmovía con compasión. Y en esta historia el samaritano vio a esse viajero quebrantado a través de los ojos de Jesús y tuvo compasión de él.

Y viéndole, tuvo que hacer algo.

LA COMPASIÓN ES ASUNTO DE LO QUE USTED HACE

El buen samaritano hizo más que observar al viajero caído como los otros lo habían hecho. Si he contado correctamente, realizó nueve actos diferentes de compasión con este extraño herido. No solo eso, sino que lo hizo corriendo un riesgo. Al intervenir en esa situación y demorarse en el camino, el samaritano se arriesgaba a recibir la misma clase de tratamiento que el herido.

El amor genuino siempre incluye acción. A diferencia del sacerdote, el samaritano tocó al viajero con manos llenas de bondad y compasión. Ninguna razón ceremonial se lo impedía. Vendó las heridas del extraño, puso ungüento sobre sus heridas, y lo ayudó a llegar a un lugar seguro donde se podía recuperar. Eso fue la verdadera compasión en exhibición. Eso fue la compasión obrando.

«Pero el que tiene bienes de este mundo y ve a su hermano tener necesidad, y cierra contra él su corazón, ¿cómo mora el amor de Dios en él? Hijitos míos, no amemos de palabra ni de lengua, sino de hecho y en verdad» (1 Juan 3.17, 18). Considere esta historia:

Un líder cristiano fue invitado a hablar en una gran reunión de mujeres de una próspera iglesia. Antes que hablara, la mujer que dirigía la reunión se enteró de una urgente necesidad económica que enfrentaba uno de los misioneros de la iglesia. Ella le pidió al conferencista que dirigiera al grupo en oración y le pidiera a Dios que supliera la necesidad. El líder fue al estrado e impactó al grupo cuando dijo que no dirigiría al grupo en la oración solicitada; en vez de eso haría algo más. Contribuiría con todo el dinero que tenía en sus bolsillos para suplir la necesidad si el resto de las mujeres del grupo hacían lo mismo. Si, cuando ese dinero se recogiera y se contara, aún faltaban fondos, él estaría feliz de guiar en oración para que Dios supliera el resto.[5]

Pueden imaginarse lo que sucedió. Cuando se recogió el dinero, había más que suficiente para suplir la necesidad de la emergencia del misionero.

La oración puede ser compasiva, pero la compasión requiere más que oración. Cuando se trata de compasión, a veces Dios quiere que nosotros respondamos a nuestras propias oraciones de inmediato.

Mientras escribo este capítulo, un reportero me pidió que le explicara la diferencia entre la simpatía y la compasión. Le dije que la simpatía es algo que uno siente; la compasión es algo que uno muestra o, incluso mejor, ¡algo que uno hace!

Dios exhibe en la Biblia gran bondad hacia los que están en problemas o se encuentran afligidos física o emocionalmente. Un vasto número de versículos hablan de la bondad de Dios hacia los que viven en la miseria. La bondad de Dios a menudo se exhibe de una manera especial con los pobres; y se dirige específicamente a los que tienen puesta su esperanza en Él, lo reverencian, le temen y esperan en Él.

¿No es interesante que las personas a las que con frecuencia les mostramos respeto y bondad en nuestra cultura a menudo son diferentes de las personas especiales a las que Dios les muestra bondad? Él recalca la importancia de aquellos que nosotros consideraríamos «desdichados e infelices». Cuando Dios exhibe su bondad, nunca busca nada en pago. Es un puro acto de amor de su parte.

LA COMPASIÓN ES ASUNTO DE CÓMO USTED LO HACE

Cuando Jesús le preguntó al intérprete de la ley al final del relato cuál de los hombres había demostrado que era un prójimo, el intérprete de la ley le respondió: «El que mostró misericordia».

¡Eso fue lo que hizo el samaritano! Le mostró misericordia al viajero necesitado. Limpió sus heridas. Usó vino para hacer eso. (En aquel entonces, el contenido alcohólico del vino a menudo se usaba para cauterizar las heridas y limpiarlas).

Luego el samaritano echó aceite sobre sus heridas y las vendó a fin de que pudieran empezar a sanar. Expresó su compasión a este hombre con gran misericordia y cuidado.

En uno de los versículos clave del Nuevo Testamento sobre el tema de la compasión se nos instruye en cuanto a la manera en que hay que mostrar compasión: «Sed todos de un mismo sentir, compasivos, amándoos fraternalmente, misericordiosos, amigables» (1 Pedro 3.8).

La compasión conlleva empatía: «Ámense como hermanos». Cuando mostramos empatía, sentimos lo que sería estar en los zapatos de otra persona. Yo he tenido la bendición de poder enseñar en algunos de los lugares de Israel donde Jesús mostró su compasión. Estar en esos lugares ahondó mi creencia de que la compasión tiene que ver con el sufrimiento del alma, incluso con la angustia y la agonía del alma.

Al atravesar sus propios retos y sufrimientos, usted desarrolla una comprensión de cómo otro se siente o cómo pudiera ser una situación. Mediante este entendimiento puede compartir el dolor y el sufrimiento de otra persona. Y debido a eso, tiene que hacer algo por ella. Usted siente lo que la otra persona siente y trata de hallar una manera de hacer que no sea tan malo.

La ternura también es una cualidad esencial de la compasión; se nos instruye a ser de corazón tierno. La ternura es un sentimiento personal de cuidado gentil, así como un padre siente ternura hacia su hijo. Ese es un aspecto de la compasión que comunica interés y bondad genuinos entre los individuos. Puede tratarse de un niño que usted envía a clases a quien nunca ha conocido; puede ser un padre afligido que usted conoce; puede ser su propio vecino; pero en ese momento, es la compasión lo que le impulsa a actuar, como uno que ama a otro. En su esencia, la compasión es personal.

Finalmente, se nos dice que seamos «amigables». La compasión siempre es cortés y también respetuosa en las acciones que usted hace por otros y debido a lo que hay en su corazón cuando las lleva a cabo. La cortesía es el lenguaje del respeto. La forma en que actúa o interactúa con alguien por quien siente compasión revela si usted ve o no a la persona como merecedora de dignidad y respeto. Si usted reconoce a esa persona como un hijo o hija de Dios, el respeto sigue.

A veces la compasión lleva al perdón. Algunos de los más grandes actos de compasión tienen lugar cuando uno tiene una decisión que tomar; ¿usted puede reaccionar con compasión y bondad, y construir un puente de amor, o no?

El mundo necesita compasión y bondad. No obstante, podemos reducir el alcance incluso más. Su mundo necesita bondad. Su hogar necesita bondad. En el lugar donde las personas viven en intimidad estrecha, a veces la bondad se pierde.

En el Nuevo Testamento las instrucciones dadas para la iglesia fueron dadas también para el hogar. La iglesia se reúne en la casa. Cuando Efesios 4.32 dice: «Antes sed benignos unos con otros, misericordiosos, perdonándoos unos a otros, como Dios también os perdonó a vosotros en Cristo», eso también va dirigido al hogar.

Necesitamos ser de corazón tierno, bondadosos y perdonadores. El fruto del Espíritu es probado en ese laboratorio que llamamos familia. Si usted puede tener compasión y hacer que funcione allí, funcionará en cualquier lugar en la faz de la tierra.

Cuando empecé a servir en la iglesia donde pastoreo hoy, atravesé tiempos muy difíciles. Había mucho conflicto en la iglesia. Siendo nuevo, no conocía a otros hombres en el ministerio. Un día recibí una llamada del pastor de otra iglesia que me dijo: «Oye, sé algo de lo que estás atravesando. No tienes que darme los detalles. Simplemente quiero decirte que aguantes allí. Quiero que sepas que yo estoy aquí si necesitas a un amigo».

Incluso más asombroso, pocos días después él se preparaba para salir de vacaciones y me llamó de nuevo. Me explicó que tenía que salir de la ciudad y me dio su número de teléfono. «Simplemente quiero que tengas mi número telefónico en caso de que me necesites».

Es difícil expresar lo que ese gesto significó para mí en esos momentos. Ese sencillo acto de genuina compasión me levantó el ánimo, renovó mi fuerza y me hizo saber que no estaba solo. Nunca lo he olvidado.

LA COMPASIÓN ES ASUNTO DE LO QUE LE CUESTA

A veces la compasión nos cuesta tiempo; a veces nos cuesta más. Sin embargo, la verdadera compasión no calcula el costo primero; simplemente responde al sufrimiento humano con bondad amorosa.

El samaritano le dio sus ojos al viajero cuando lo miró con preocupación. Le dio su corazón cuando sintió verdadera compasión por él. Le dio su bestia y sus propios pies al viajero cuando permitió que él fuera montado, estando dispuesto a caminar junto a su propio animal. Le dio sus manos al viajero cuando vendó sus heridas. Le dio su tiempo al viajero cuando pospuso su propio itinerario para quedarse con él en esa primera noche crítica. Finalmente, le dio su dinero al viajero cuando pagó para que se quedara en el mesón.[6]

Jesús nos está enseñando que cuando amamos alguien, le damos de nosotros mismos. Compartimos tiempo, dinero, posesiones y prioridades.

Al principio de este episodio el intérprete de la ley le preguntó a Jesús: «¿Quién es mi prójimo?» (Lucas 10.29).

Al final del relato Jesús le preguntó al intérprete de la ley quién fue el prójimo del herido.

La conversación pasó de «¿Quién es mi prójimo?» a «¿Quién es un prójimo para él?». En otras palabras, la pregunta clave al final del episodio, y el elemento clave de la compasión, no es «¿Quién me va a ayudar?», sino «¿A quién voy yo a ayudar?».

Y entonces el Maestro dijo: «Ve, y haz tú lo mismo» (v. 37).

Eso es. Ahí está nuestro mandamiento: ser compasivos, dar de nosotros mismos, y emular al extranjero en tierra extranjera que se preocupó más que los sacerdotes y administradores del templo, que se interesó más que el teólogo que discurría, pero no actuó.

Al decir: «Ve, y haz tú lo mismo», Jesús estaba dándole al intérprete de la ley una alternativa y una oportunidad. La alternativa era ir y hacer como hizo el buen samaritano. La oportunidad era convertirse en una persona de compasión. porque la compasión es una virtud que se aprende fácilmente... si escogemos aprenderla.

Andrew Arroyo es fundador y presidente de una importante compañía de bienes raíces en California. Él y su familia asisten a la iglesia que yo pastoreo, y con el correr de algunos meses hemos llegado a ser buenos amigos. Un viernes por la tarde se había detenido de prisa en un sitio de almacenaje a fin de recoger materiales para la reunión anual de premios de su compañía. Mientras cargaba en su coche algunas decoraciones, incluyendo guirnaldas, cordones de terciopelo rojo, y una alfombra roja por la cual caminarían sus colaboradores al entrar a la reunión, notó a una anciana fuera de la puerta del lugar de almacenaje.

La mujer estaba extendiendo frazadas de forma muy metódica sobre el concreto junto a un carrito de supermercado. Era obvio que estaba preparándose para pasar la noche allí. Mientras él trabajaba y observaba, sintió que estaba viendo a su propia madre y abuela preparándose para dormir a la intemperie en una noche fría de invierno.

Andrew se acercó a la mujer y le regaló una de las tarjetas del restaurante Subway que siempre lleva consigo. Eso podía haber sido el final del episodio. Después de todo, la tarea de reconocer y apreciar a sus empleados era también un trabajo importante y de interés.

No obstante, en lugar de eso, Andrew abrió la puerta a una conversación y se enteró de la historia de la mujer. Ella había trabajado en un banco, estaba jubilada y tenía setenta y tres años. Siendo viuda, recibía su ingreso del seguro social y una pensión, pero el total no le alcanzaba para pagar sus gastos. Por quince años había vivido en su furgoneta. Un año atrás se la habían llevado las autoridades y no tuvo dinero para reclamarla. Desde entonces había estado viviendo en la calle.

Por un momento Andrew se vio en un conflicto, pero entonces su compasión lo movió a la acción. Le dijo a la mujer que quería ayudarla y lo primero que haría sería llevarla a un hotel hasta que pudiera imaginarse una solución permanente. Volvió a la tarea de cargar sus materiales y una idea lo impactó. «¿Podría extenderle esta alfombra roja?», preguntó.

La mujer se quedó estupefacta. Él rápidamente extendió la alfombra y colocó las cuerdas. Y este acto espontáneo hizo que ella cobrara vida. Sus ojos se llenaron de lágrimas al contar recuerdos de asistir a la ópera, danzar, ser una costurera talentosa en sus días de juventud y diseñar sus propios vestidos de noche. Fue una conversación que Andrew nunca olvidará.

Esa noche, Andrew llevó a la mujer a un hotel y alquiló una habitación. Durante las siguientes seis semanas él pagó la cuenta mientras buscaba una casa rodante a la cual ella pudiera mudarse. Encontró una, la compró y un miembro de su compañía permitió que la pusiera en su terreno. Con el tiempo Andrew halló un parque de remolques al que pudieron llevar la casa rodante de manera permanente.

Al escribir este capítulo la mujer todavía vive en ese parque de remolques, y su pensión y seguro social son suficientes para suplir sus necesidades.

¿Por qué hizo él todo esto por una extraña? En una carta que me escribió, Andrew explicó:

> Estoy cansado de ayudar a las personas con una solución temporal y luego decirles: «Voy a orar por ti». Amar a alguien que lo ama a uno es fácil. Amar a un completo extraño o a alguien que se aprovecha de uno no lo es (Lucas 6.37). He descubierto que es en esta forma de amor incondicional (*ágape*) donde reside la verdadera bendición, la misericordia y la compasión. Se necesita una clase sobrenatural de amor para conquistar a la carne que dice: «Esta persona no merece mi amor», o «Esta persona me cae mal o me ha ofendido; por consiguiente, no la quiero en mi vida». Sin embargo, Cristo nunca deja de amarnos a pesar de nuestra propia multitud de pecados.[7]

Andrew Arroyo encontró a una mujer desesperadamente pobre. Ella tenía abundantes necesidades y él tenía abundante capacidad para atender esas necesidades. Impulsado por la compasión a hacer algo más permanente que simplemente darle una comida, hizo un compromiso asombroso. Sin saber con claridad la senda que seguiría, actuó. Lo que empezó con sacar de la calle a la mujer por una noche se convirtió en un compromiso compasivo continuo que él puede afrontar y lo hace de buen grado.

El mundo tiene el derecho de esperar que los seguidores de Cristo sean como su Maestro. Usted tal vez no pueda sanar a los enfermos ni dar de comer a multitudes hambrientas como Jesús lo hizo. Sin embargo, eso está bien; Él no espera tal cosa de usted. Él solo espera que sea un canal genuino de su compasión para aquellos que lo necesitan a Él hoy.

UNA HISTORIA PARA RECORDAR

Bill era un universitario desgreñado que vestía camiseta y andaba descalzo. Era esotérico y brillante, y mientras asistía a la universidad se convirtió en cristiano.

Frente a la universidad había una iglesia de gente bien vestida, muy conservadora, que quería desarrollar un ministerio para los universitarios, pero no estaba segura de cómo hacerlo.

Un día Bill decidió ir a esa iglesia. Entró sin zapatos, vistiendo pantalones vaqueros y camiseta, y con el pelo desgreñado. El culto ya había empezado, así que Bill comenzó a recorrer el pasillo, buscando un asiento. Sin embargo, la iglesia estaba repleta y no pudo hallar ninguno. Para entonces ya la gente estaba mirándolo algo incómoda, pero nadie dijo nada.

Bill se acercaba cada vez más al púlpito y, cuando comprendió que no había asientos, simplemente se sentó en el pasillo sobre la alfombra.

Para ese momento la congregación ya se encontraba realmente incómoda y la tensión en el aire se podía cortar. En un instante, desde la parte de más atrás del enorme templo, un diácono empezó a caminar lentamente hacia Bill. El diácono tenía más de ochenta años, con el pelo cano y un reloj en su bolsillo; un hombre piadoso, muy elegante, digno y andando con un bastón.

Le llevó largo tiempo llegar hasta donde estaba el joven. La iglesia se quedó en completo silencio, excepto por el golpeteo del bastón del hombre. Todos los ojos estaban clavados en él; uno ni siquiera podía oír que alguien respirara. La gente pensaba: *El ministro ni siquiera puede predicar el sermón mientras que el diácono no haga lo que tiene que hacer.*

El anciano llegó hasta donde estaba Bill e hizo una pausa. Entonces dejó caer el bastón al piso, y con gran dificultad se agachó y se sentó junto a Bill para adorar a su lado.

La iglesia permaneció en silencio por la emoción. Cuando el ministro recuperó el control, dijo: «Lo que voy a predicar no lo recordarán nunca. Lo que acaban de ver nunca lo olvidarán».[8]

El relato del buen samaritano y el episodio del diácono y Bill no son solo historias de compasión; son también ilustraciones de la salvación. La raza humana estaba desvalida y sin esperanza en las garras del pecado, sin que nadie la tocara y se interesara por ella; sin embargo, Dios la amaba.

Lo que el anciano diácono hizo por Bill es exactamente lo que Dios ha hecho por usted y por mí. Nosotros estábamos sentados solos en nuestro dolor, vergüenza y harapienta justicia; y Él envió a su Hijo para asegurarnos que no teníamos necesidad de estar solos de nuevo. Jesús, en su compasión, está aquí. Si se lo permitimos, se sentará a nuestro lado y compartirá su compasión con nosotros y por medio de nosotros.

Pero tú, Señor, eres Dios clemente y compasivo,
lento para la ira, y grande en amor y verdad.

—Salmos 86.15 (nvi)

CAPÍTULO 6

UNA VIDA DE GENEROSIDAD

*La generosidad no es un asunto de lo
que hay en su cuenta bancaria; es un
asunto de lo que hay en su corazón.*

«Quiero que el último cheque que escriba sea rechazado por el banco».[1]

Esta son las palabras del multimillonario filántropo Charles F. Feeney, quien hizo su fortuna en la industria de ventas libres de impuestos y empezó a donar secretamente su dinero en 1984. La meta de Feeney fue producir un impacto en el mundo *mientras estaba vivo*. Y lo hizo. Para el año 2016, había donado más de ocho mil millones de dólares a organizaciones de beneficencia por todo el mundo.

La filosofía de «dar mientras estás vivo» de Feeney hizo más que causar un impacto en los que recibieron sus donaciones. También ayudó a inspirar la fundación benéfica de Bill y Melinda Gates. La otra inspiración detrás de la filantropía de los Gates, según Bill Gates, fue su madre, Mary.

Gates a menudo acredita su peregrinaje hacia la generosidad a una carta que su madre le envió a la que entonces era su prometida, Melinda, el día en que se casaron. Mary le recordaba a la flamante esposa de su hijo: «De aquellos a quienes mucho les es dado, mucho se espera».[2]

Seis meses después de escribir esa carta, Mary Gates murió de cáncer en el pecho. Después de su muerte, Bill Gates, con la ayuda de su padre, dedicó cien millones a lo que llegaría a ser la Fundación Bill y Melinda Gates. ¡Desde su comienzo, la fundación ha donado más de treinta y seis mil millones de dólares![3]

Estos son ejemplos impresionantes, por supuesto. No todos tienen esa cantidad de dinero para dar. En realidad, muchos de nosotros vemos la filantropía como tarea de los ricos. Después de todo, es fácil para ellos, ¿verdad? Ellos tienen en abundancia.

Ahí es donde nos equivocamos. La generosidad extraordinaria no es una virtud reservada para los ricos. Ciertamente, dar más puede ser *más fácil* para los que tienen menos.

Considere a Albert Lexie, por ejemplo. En 1981, Albert empezó a trabajar en el Hospital Infantil de Pittsburgh, lustrando y dando betún a los zapatos por cinco dólares el par. Los clientes satisfechos a menudo le daban propinas, por lo general uno o dos dólares. ¡Una Navidad, un cliente le dio a Albert cincuenta dólares por lustrar un par de zapatos! Las propinas grandes como esas eran raras, por supuesto, y con los años y el cambio de estilos, él vio que su negocio se extinguía.

En el 2013, Albert se jubiló después de treinta y dos años de trabajo. Hubo una fiesta de despedida. El personal y los directivos del hospital expresaron cuánto lo echarían de menos. Sin embargo, cuando él salió por la puerta del hospital en el último día, su influencia en esa instalación médica continuó.

¿Por qué? Porque durante todos esos años de lustrar zapatos, Albert Lexie donó más del treinta por ciento de sus ganancias al Fondo de Atención Gratuita del hospital, que ayuda a padres con dificultades de dinero a pagar por la atención médica de sus hijos. ¿Y aquellas propinas? Él donó cada una de ellas al hospital, más de doscientos mil dólares en total.[4]

¿QUÉ ES LA GENEROSIDAD?

La generosidad no es un asunto de lo que hay en su cuenta bancaria; es un asunto de lo que hay en su corazón. La palabra *generosidad* no se halla en nuestra lista de nueve decisiones que describen una vida más que maravillosa (Gálatas 5.22, 23). No obstante, el concepto está allí, oculto en la palabra *bondad*. La bondad a menudo se malentiende como ausencia del mal. Pero en la Biblia, la bondad no es la *ausencia* de nada. Es la *presencia* de algo bueno.

Sabemos que de la abundancia del corazón habla la boca. También es cierto que a partir de la abundancia del corazón actuaremos de una manera u otra. Si la bondad está presente en nuestros corazones, esa bondad se manifestará en un espíritu generoso, en las palabras que decimos y en la manera en que tratamos a los demás.

La persona generosa les da a otros el beneficio de la duda y los trata con respeto. No se preocupa por lo que la acción de dar puede costarle en términos de tiempo y esfuerzo. No espera a que se lo pidan, ni aguarda nada en pago.

La mayoría de nosotros equiparamos la generosidad con dar financieramente, porque eso es de lo que oímos, eso es lo que capta nuestra atención. Sin embargo, la generosidad tiene una definición mucho más plena que esa.

Respeto, cortesía, tolerancia, paciencia... todas estas son expresiones de un espíritu generoso. Cada día a usted se le brindan oportunidades para ejercer la generosidad de espíritu: actuando con paciencia ante la impaciencia, respondiendo con una expresión de comprensión o empatía a un comentario dicho al apuro o imprudentemente, ignorando lo que no le gusta en alguien a fin de buscar y hallar lo que sí le gusta.

Esto no quiere decir que uno tolere todo lo que le suceda; significa que uno procura entender primero y reaccionar después. Y la primera parte de la comprensión es recordar que todos somos seres humanos y estamos en esto juntos. Abra su corazón a la generosidad y se asombrará al ver cómo Dios lo llena.

Para la mayoría de nosotros la generosidad no surge naturalmente. Cuando niños, protegemos ferozmente *nuestros* juguetes. En nuestra adolescencia nos interesamos más en la equidad que en la benevolencia. Como adultos, a menudo nos vemos tan doblegados por el afán financiero que podemos hallar difícil abrir las manos con lo que tenemos. No obstante, como toda virtud en este libro, la generosidad es una que podemos decidir cultivar y podemos depender de Dios para que nos ayude.

El apóstol Santiago dice: «Toda buena dádiva y todo don perfecto desciende de lo alto, del Padre de las luces, en el cual no hay mudanza, ni sombra de variación» (Santiago 1.17).

Nuestro Dios es un Dios generoso. Puesto que somos hechos a su imagen, podemos hallar consuelo al saber que la generosidad está a nuestro alcance. Y «si el nuestro es un mundo marcado de principio a fin por la generosidad divina, ¡entonces es razonable que nosotros debamos "arriesgarnos" a mostrar una generosidad de espíritu proporcional a esa realidad!».[5]

CÓMO APRENDER A DAR CUANDO UNO NO TIENE MUCHO

La generosidad es una disciplina que se «capta» más que se «enseña». La entendemos mejor cuando la vemos en operación. Los dos mejores ejemplos de la generosidad en acción se pueden hallar en el Nuevo Testamento. Ambos tienen lugar durante la semana antes de la crucifixión, la sepultura y la resurrección de Jesucristo.

En el primero hallamos a Jesús sentado cerca del tesoro del templo observando a las personas mientras dan sus ofrendas (Marcos 12.41–44).

Había trece recipientes en el templo en los cuales los judíos depositaban sus tributos y diezmos. Cada cofre del tesoro tenía un embudo grande que sobresalía por encima en el que las personas ponían su dinero, que entonces caía dentro del recipiente. Algunos adoradores de manera deliberada hacían sus ofrendas con muchas monedas pequeñas a fin de que cuando las echaran en el embudo de bronce, el ruido se pudiera oír por todo el templo, retumbando en las grandes murallas de piedra.

En ese día en particular, Jesús observó que muchos echaban grandes cantidades de dinero para que otros los vieran y los oyeran. Pero luego vino una viuda pobre y calladamente depositó su escasa ofrenda.

En el griego (el idioma del Nuevo Testamento), la palabra que se traduce como «pobre» es la misma que se usa para describir a alguien desposeído: un pordiosero o mendigo.[6] En nuestros días, esta viuda tal vez sería alguien que dependía de la beneficencia pública para sobrevivir o incluso una indigente.

A pesar de su pobreza, la mujer quería dar. Algunos evaden la generosidad porque tienen mucho y quieren conservarlo para sí mismos, en tanto que otros se escudan detrás de tener demasiado poco. Esta viuda no se escondió detrás de su pobreza. Por su amor a Dios, dio todo lo que tenía.

En el libro *God So Loved, He Gave* [Dios amó tanto, que dio], Justin Borges relata su relación con una mujer indigente llamada Tammy.

Una de mis tareas en la iglesia [...] era llenar pequeñas esquelas de papel que les dábamos a Tammy y otros para que las intercambiaran por comida en el banco de alimentos. El único problema era que a Tammy le gustaba compartir.

«No regales esto», recuerdo que le dije mientras le entregaba la esquela para el banco de alimentos. «Necesitas conservar esto para ti misma. De otra manera se te acabará y no tendrás nada para comer». Con todo, después de un tiempo Tammy se cansó de que le dijera que no compartiera la comida que nuestra iglesia le daba. «Quiero regalar algo también», replicó.

Vivir bajo un puente significa vivir con otros necesitados, de modo que ella me informó que sería inconcebible que volviera allá sin compartir sus alimentos. «Así que, ¿por qué no puedo compartir algo de ellos?», preguntó mirándome incrédula. «¿Por qué no puedo dar algo yo también?».

Me quedé desconcertado. *¿Por qué no se le debe permitir a Tammy que regale algo de lo que ha recibido? ¿No era exactamente eso lo que yo estaba haciendo?* Hice una pausa por un momento. Pero entonces le di una respuesta muy pragmática, diciéndole que el fondo de diáconos de nuestra iglesia no estaba organizado para eso. «Estamos dándote esto a *ti*», le dije a Tammy, «y no a todo el que encuentras». Sin embargo, reconocí el problema más hondo: solo recibir y nunca dar es ser denigrado, ser humillado.

Las buenas noticias son que Dios no solo nos ha hecho que seamos receptores de su gracia, sino también participantes en el movimiento de su propia generosidad [...] Él nos invita —incluso al más pobre de nosotros (2 Corintios 8.1-3)— a llevar vidas, por imperfectamente que sea, que extienden y reflejan su propio papel como Dador».[7]

En nuestra historia Jesús específicamente nos dice lo que la viuda dio: «dos blancas» (Marcos 12.42). El vocablo *blancas* traduce la palabra griega *lepta*, la moneda más pequeña acuñada en el mundo griego. En la economía de esa época, valía alrededor de un ciento veintiochoavo de la paga de un día; ni siquiera suficiente para comprar un pan rancio.

«El hecho de que la viuda depositara "dos" monedas es significativo», dice Michael Card. «Ella pudiera haberse guardado una. No lo hizo».[8]

Sin desperdiciar nunca un momento de enseñanza, Jesús les dijo a sus discípulos: «Esta viuda pobre echó más que todos los que han echado en el arca; porque todos han echado de lo que les sobra; pero ésta, de su pobreza echó todo lo que tenía, todo su sustento» (Marcos 12.43, 44).

Como ven, la matemática de Dios desafía todo lo que nosotros sabemos en cuanto a números.

G. Campbell Morgan escribe:

Es algo asombroso [...] Él no dijo: Esta pobre mujer ha hecho algo espléndido. No dijo: Esta pobre mujer ha echado demasiado. No dijo: Ella ha echado tanto como cualquiera. No dijo: Ella ha echado tanto como todos ellos. ¡Él dijo: «Echó más que todos»! Presidiendo sobre los cofres del templo ese día, el Señor del templo tomó las ofrendas y las separó. A un lado puso las ofrendas de los ricos y las ofrendas de ostentación, y en el otro las dos blancas... ¡«más que todos»![9]

No debemos leer en eso que todos los donantes ricos del día eran malos. Con certeza algunos vinieron con el sentir adecuado y dieron por las razones correctas, para honrar a Dios y contribuir al mantenimiento del templo y el bienestar de la comunidad. Sin embargo, en lo que Jesús se fijó ese día fue en lo opuesto: vio a los que dieron por ostentación, motivados por el orgullo y el deseo de ser reconocidos y aplaudidos. En términos humanos, sus ofrendas sumaron más. Pero a la vista de Dios ese total fue de menos valor que dos escasas monedas.

> Jesús indicó que lo más importante no es cuánto se da, sino el punto hasta el cual la ofrenda implica sacrificio [...] un elemento principal en la enseñanza de Jesús es que la actitud es más importante que la acción. La ofrenda total de la viuda demuestra una actitud de absoluta confianza en Dios.[10]

Cuando damos con sacrificio nos ponemos a nosotros mismos (desde la perspectiva del mundo) en peligro. Estamos dando lo que necesitamos. No obstante, si creemos que Dios nos cuida, que ninguna buena obra se le pasa por desapercibida, y que Él es interminablemente rico en dádivas, nos inclinaremos más a la generosidad audaz.

¿Recuerda que antes en este capítulo dije que ser generosos en realidad puede ser más fácil para los que tienen menos? La historia de las monedas de la viuda ilustra esa verdad. Para algunos que son ricos, dar despreocupadamente una porción de su dinero no es sacrificio, ¿verdad? Pero para la viuda pobre, dar «todo lo que tenía» es en realidad el epítome de la generosidad.

«A través de los siglos esas dos monedas minúsculas se han multiplicado en miles y miles de millones para la obra de Dios conforme personas humildes han quedado en libertad para dar de lo poco que tienen. El Señor convirtió esas dos monedas en una riqueza perenne de contentamiento e instrucción para su iglesia».[11]

GENEROSIDAD EXTRAVAGANTE

Nuestro segundo episodio tiene lugar en la aldea de Betania, donde Jesús resucitó a Lázaro de los muertos. En esa ocasión se ofreció una cena en la casa de Simón el leproso, sin duda un hombre al que Jesús había sanado de la lepra y el Señor era el invitado de honor. Mateo, Marcos y Juan registran como, durante la cena, una mujer interrumpió los acontecimientos en un acto de generosidad que tal vez al principio aturdirá a los lectores modernos tanto como a los discípulos que lo presenciaron.

De acuerdo al relato de Juan, María, hermana de Lázaro, a quien a menudo se le podía hallar sentada a los pies de Jesús mientras enseñaba, «tomó una libra de perfume de nardo puro, de mucho precio, y ungió los pies de Jesús, y los enjugó con sus cabellos; y la casa se llenó del olor del perfume» (Juan 12.3). Los discípulos murmuraron por la extravagancia. Uno de ellos se enfadó tanto que hasta lo expresó:

> Y dijo uno de sus discípulos, Judas Iscariote hijo de Simón, el que le había de entregar: ¿Por qué no fue este perfume vendido por trescientos denarios, y dado a los pobres? Pero dijo esto, no porque se cuidara de los pobres, sino porque era ladrón, y teniendo la bolsa, sustraía de lo que se echaba en ella. (Juan 12.4–6)

En los días de Jesús un denario era el salario de un día. Traducido a términos modernos, a un salario mínimo de 10,50 dólares por hora, un denario sería algo así como ochenta y cuatro dólares. Trescientos denarios serían aproximadamente veinticinco mil dólares. ¡Diciéndolo así, tal vez se nos perdonaría si nos preguntáramos si acaso María se había vuelto loca al derramar veinticinco mil dólares derramados en los pies de alguien!

Si se usa la matemática humana, es un gesto que aturde. No obstante, recuerde que la matemática de Dios desafía todo lo que sabemos en cuanto a números. Tal vez para nosotros no tenga sentido, pero Jesús lo entendió, y tuvo sentido para Él.

> Pero Jesús dijo: Dejadla, ¿por qué la molestáis? Buena obra me ha hecho. Siempre tendréis a los pobres con vosotros, y cuando queráis les podréis hacer bien; pero a mí no siempre me tendréis. Esta ha hecho lo que podía; porque se ha anticipado a ungir mi cuerpo para la sepultura. De cierto os digo que dondequiera que se predique este evangelio, en todo el mundo, también se contará lo que ésta ha hecho, para memoria de ella. (Marcos 14:6–9)

Jesús sabía la suerte que le esperaba. Debe haber sido un gran obsequio para Él experimentar el ungimiento que María le hizo; era una señal más de que Dios estaría con Él en las pruebas y la tortura que se avecinaban.

Antes hablamos de que tener una confianza absoluta en Dios nos guiará en la generosidad. María tenía esa confianza. Confiaba de una forma tan completa que cuando sintió que el Espíritu Santo la impulsaba a actuar de una manera supremamente generosa, no titubeó.

La significación de ese momento queda captada en estas palabras del connotado erudito bíblico Arno C. Gaebelein:

> Imperios han surgido, florecido y desaparecido en la región del silencio y el olvido. Monumentos se han erigido para conmemorar el genio, la grandeza y la filantropía humanas, y estos monumentos se han convertido en polvo; pero el acto de esta mujer todavía vive y vivirá para siempre. La mano del Maestro le ha erigido un monumento, que nunca, jamás, perecerá. Que tengamos la gracia de imitarla.[12]

EL POTENCIAL DE UNA VIDA GENEROSA

En sí mismos, estos dos actos de generosidad radical y espontánea constituyen un reto para nuestros corazones. Entonces los vemos contra el trasfondo de la cultura en el que tuvieron lugar y el impacto es incluso mayor.

En el mundo romano, la generosidad se consideraba una virtud reservada para los ricos y poderosos. La palabra del latín *generosus*, que se refería al nacimiento de una persona, proviene de la palabra griega *génesis*, que significa «principio». Ser generoso en el mundo romano significaba que uno había tenido un buen «principio». La generosidad romana era para la élite, los aristócratas. En realidad, su cultura dependía de ella. Los ricos actuaban como patronos, financiando la obra de artistas y artesanos, así como también comisionando las obras públicas. Sin embargo, a diferencia de nuestra definición de generosidad, en la cual no se espera nada a cambio, los ciudadanos romanos ricos eran compensados por el aumento de sus cuentas bancarias. Esto podía tomar la forma de recibir un trato preferencial en los negocios, promover a un patrono a un cargo político, abogar por leyes favorables al patrono o defender el estatus civil de un benefactor.[13] (¡Pensándolo bien, nada diferente a Estados Unidos de hoy!).

Ni de María ni de la viuda que dio todo lo que tenía en el templo se hubiera esperado que fueran generosas. Ambas estaban actuando en contra de la cultura y las costumbres de sus días.

Como estadounidenses, nos gusta darnos a nosotros mismos palmaditas en la espalda y repetir el mantra de que somos la nación más generosa del mundo. Nuestro gobierno en efecto regala montones de dinero, pero eso no nos hace una nación generosa. Las naciones generosas están formadas por personas generosas, y tal vez a usted le resulte sorpresa enterarse de que más de ochenta y cinco por ciento de los

123

estadounidenses donan menos de dos por ciento de sus ingresos.[14] Y la cifra para los cristianos evangélicos no es mucho mejor.

De acuerdo a un estudio reciente reportado en la revista *Relevant*, solo entre diez y veinticinco por ciento de las personas en una congregación estadounidense típica dan el diezmo (es decir, dan la cantidad inicial bíblica de diez por ciento) a la iglesia, los pobres y las causas del reino. El mismo informe concluyó que si el restante setenta al noventa por ciento de los cristianos estadounidenses empezaran a dar el diezmo regularmente, el hambre mundial, la inanición y la muerte por enfermedades prevenibles se pudieran aliviar en cinco años. Adicionalmente, el analfabetismo se podría eliminar por completo, el problema del agua en el mundo y las cuestiones de salubridad se podrían resolver, toda la obra misionera en el extranjero se financiaría por completo, y más de cien mil millones de dólares sobrarían cada año para otros ministerios.[15]

Si esto es verdad, ¿por qué la generosidad es tan difícil? ¿Y cómo la cultivamos en nuestras vidas? Permítame indicarle siete maneras en que usted puede abrazar y crecer en la generosidad.

CAMBIE SU MANERA DE PENSAR EN CUANTO AL DINERO

Desde el día en que se nos pone en la mano nuestro primer cheque de pago, nos preguntamos: *¿Qué me voy a comprar?* Pensamos que nuestro salario es «nuestro». Nos ganamos nuestra paga mediante nuestro trabajo, así que debe pertenecernos. Nos erizamos debido a la cantidad que se nos deduce por impuestos, seguros de salud e incluso nuestra propia jubilación. Miramos lo que realmente llevamos a casa y lo destinamos a renta, cuentas y necesidades diarias. ¿Y qué queda? Defenderemos eso con la misma ferocidad con que un león protege a su presa.

¿Y ahora se espera que simplemente regalemos algo a personas u organizaciones que no trabajaron para ganárselo? Esa es una píldora difícil de tragar.

El paso más vital que damos para cultivar un espíritu generoso es revertir la manera en que pensamos en cuanto al dinero. Cuando recordamos que «toda buena dádiva y todo don perfecto desciende de lo alto» (Santiago 1.17), nos damos cuenta de que nada bueno en realidad es nuestro, para empezar. Es de Dios y Él nos lo concede como una dádiva para que lo usemos a fin de glorificarlo. Cuando empezamos a pensar en nuestro dinero como simplemente una de las incontables dádivas buenas de nuestro Padre celestial que nos ama, podemos descansar conscientes de que Él sabe lo que necesitamos, promete proveerlo y que sus almacenes son inagotables.

Piense en ello de esta manera: haga un gráfico circular para ver a dónde va su dinero. En este modelo, la cantidad que usted tiene para trabajar es fija y cada gasto, en cada categoría, le resta algo del todo hasta que termina todo el círculo. Es un sistema cerrado. No hay nada para usted fuera de ese círculo.

Sin embargo, Dios es infinito. Él no trabaja con gráficos circulares. Él trabaja con ríos. Ríos de bendiciones. Y nunca se secan.

Sí Él es quien suple todas nuestras necesidades, y sus provisiones nunca se agotan, podemos dejar de pensar con respecto a nuestro dinero en términos de un gráfico del que rápidamente no queda nada y empezar a pensar de nosotros mismos como conductos de su gracia. Lo que Él nos da, podemos compartirlo con otros sin temor de que no quede lo suficiente para nosotros.

EXPONGA SU CORAZÓN AL QUEBRANTAMIENTO DE LA HUMANIDAD

Viviendo en una nación próspera, con un sistema de beneficencia pública que, aunque defectuoso, en efecto provee cierto tipo de red de seguridad para los necesitados, es fácil pensar que toda persona tiene todo lo que necesita. Sin embargo, ese no es el caso. Si hay pobreza en una de las naciones más ricas del mundo, ¿cuánto más la hay en las naciones más pobres?

Al principio de este capítulo usted se enteró de que dos personas, su propia madre Mary y un filántropo llamado Charles Feeney, influyeron en Bill Gates para que donara una gran porción de su vasta fortuna. No obstante, hay más en el relato.

De acuerdo a su esposa, Melinda, cuando Bill visitaba un hospital en África que atendía a pacientes tuberculosos, la llamó «muy conmocionado». Acababa de ver con sus propios ojos lo horroroso que es padecer tuberculosis. «Es una sentencia de muerte», dijo. «Ir a ese hospital es una sentencia de muerte». Desde ese momento en adelante, Bill Gates no se contentó con donar dinero a ese hospital. Quiso hacer cosas que pudieran ayudar «a miles y millones a salir por completo de la pobreza».[16]

Hace varios años cuatrocientos miembros de nuestra congregación fueron a Suazilandia, África, para ayudar a las personas en ese país empobrecido a plantar cultivos. Estuvimos allí por diez días, ninguno de nosotros lo olvidará.

Suazilandia es un país desesperadamente pobre y en ese tiempo tenía la tasa más alta per cápita de SIDA en el mundo. Fuimos para servir y aumentar nuestro conocimiento, y se nos dio la oportunidad de maneras pequeñas y también de maneras profundas e inolvidables:

uno de nuestros miembros se sentó en una choza y sostuvo la mano de un hombre mientras moría de SIDA.

Avanzada la tarde un día, uno de los organizadores del viaje me pidió que les hablara a los pastores. Aunque la mayoría de ellos hablan y entienden inglés, muchos no saben leer ni escribir. A menudo tienen solo una porción de la Biblia, ni siquiera una Biblia completa. Sin embargo, con toda la tecnología que tenemos, nuestro ministerio había llegado a ellos.

Uno de los pastores se acercó y me dijo que él y otros pastores se reunían todas las semanas para oír la transmisión de mis sermones en un viejo receptor de radio, la única manera en que podían oírlos.

«Lo escucho todos los domingos por la mañana», me dijo. «Y luego voy y le digo a mi gente lo que usted ha dicho».

Yo me eché a llorar.

¿Que esperábamos hacer en Suazilandia? Esperábamos hacer lo que Jesús nos llama a hacer: interesarnos los unos por los otros. No esperábamos que nuestra presencia lo arreglara todo, ni tampoco sobreestimamos nuestra contribución a ellos. Sin embargo, no hay manera de expresar lo que nos dieron. Las personas a las que conocimos cambiaron nuestras vidas debido a que cambiaron nuestros corazones.

Mi esposa fue con nosotros en ese viaje. Se nos había dicho que lleváramos una abundante provisión de pequeños regalos para obsequiárselos a los cientos de niños que encontraríamos en el camino. Yo no podía creer el número de pulseras y collares que mi esposa empacó en una maleta. Ella estaba decidida a tener lo suficiente para todo el viaje. No obstante, cuando vio la pobreza de aquellos preciosos niños, y oyó sus voces, y vio sus manos extendidas, lo regaló todo en los primeros dos días. No tuvo el valor para decirle que no ni siquiera a uno de ellos.

Mientras uno no vea y conozca la situación precaria de los necesitados, nunca les dará nada. ¡Una vez que la ve y la conoce, no puede detenerse! Y no tiene que viajar al otro lado del mundo para entender el apuro de los pobres. Se hallan en toda ciudad estadounidense y toda zona rural de Estados Unidos de América. Lo más probable es que usted trabaje o se reúna en la adoración con muchos que apenas pueden subsistir, que viven de cheque de pago en cheque de pago, y a los que un gasto inesperado puede llevarlos a que no tengan con qué poner comida en la mesa.

ANTES DE HACER COSAS GRANDES, HAGA LAS PEQUEÑAS

No nos convertimos automáticamente en generosos en un día, pero sí podemos empezar a hacer las cosas pequeñas que pensamos que son importantes.

- Conscientemente, aumente la cantidad que deja en la mesa para la mesera que le sirve en los restaurantes. (¡Recuerde lo que Albert pudo hacer con sus propinas!).
- Lleve consigo algo de dinero destinado específicamente a dárselo a algún necesitado, y pídale a Dios que le revele maneras de expresarles amor y generosidad a las personas que encuentra cada día.
- Comprométase a apoyar a su iglesia y descubra el gozo y el impacto de dar el diezmo.

Recibí esta carta de una abuela de nuestra congregación:

Querido pastor:

Puesto que usted es abuelo, estoy segura de que apreciará los relatos de generosidad que se ven en los nietos. Quiero contarle algo con respecto a mi nieto más pequeño, que tiene ocho años. Su club Awana adoptó a un grupo de niños pobres en Turkmenistán. A cada niño en el club le dieron un frasco en el cual podía poner monedas de veinticinco centavos a fin de ahorrarlas para otros niños.

Un día, mi hijo vio que su hijo había depositado un billete de cinco dólares (su mesada mensual completa) en su frasco. Cuando mi hijo le preguntó por qué lo había hecho, mi nieto respondió: «Quiero que los niños escuchen acerca de Jesús. De todas maneras, lo que yo haría es simplemente comprar otro juguete con el dinero». Esso tocó muy fuerte mi corazón, y continúa haciéndome pensar sobre ese «juguete» al que yo podría renunciar a fin de extender el evangelio.

Desarrollamos el hábito de la generosidad de la misma manera en que cultivamos cualquier hábito bueno, mediante ajustes graduales que podemos mantener a largo plazo. Es mucho mejor empezar en pequeño y edificar desde allí, que hacer un donativo enorme a una iglesia u obra de beneficencia y caer en la complacencia porque ya hemos «hecho nuestra parte».

La generosidad no es una situación «de una vez y se acabó». Es un estilo de vida.

EMPIECE A DAR MÁS DE LO QUE PUEDE PERMITIRSE

El siguiente paso después de dar un poco es dar mucho. En una de sus cartas a los creyentes de Corinto, Pablo habla acerca de la generosidad de los creyentes que vivían en Macedonia.

Ahora quiero que sepan, amados hermanos, lo que Dios, en su bondad, ha hecho por medio de las iglesias de Macedonia. Estas iglesias están siendo probadas con muchas aflicciones y además son muy pobres; pero a la vez rebosan de abundante alegría, la cual se desbordó en gran generosidad. Pues puedo dar fe de que dieron no solo lo que podían, sino aún mucho más. Y lo hicieron por voluntad propia. Nos suplicaron una y otra vez tener el privilegio de participar en la ofrenda para los creyentes de Jerusalén. (2 Corintios 8.1–4, NTV)

Tal como la viuda pobre, estos creyentes dieron, no de su abundancia, sino de su pobreza. Y no se contentaron con dar solamente un poquito. Querían dar todo lo que tenían y más.

A estas alturas tal vez se está preguntando: «¿Simplemente cuánto debo dar?». Especialmente si usted es alguien que hace un presupuesto y anota sus gastos, tal vez quiera una norma fija y contundente, un porcentaje. Usted quiere saber cuán grande pedazo del pastel le requerirá esta generosidad. En su libro más conocido, *Mero cristianismo*, C. S. Lewis tratar de responder a esa pregunta:

No creo que uno pueda decidir cuánto debemos dar. Me temo que la única manera segura es dar más de lo que podemos permitirnos. En otras palabras, si nuestro gasto en comodidades, lujos, diversiones, etc., está a la altura común de los que tienen los mismos ingresos que nosotros, probablemente estamos dando demasiado poco. Si nuestras obras de beneficencia no nos aprietan o limitan en algo, debería decir que [nuestras donaciones] son demasiados pequeñas. Tiene que haber cosas que nos gustaría hacer y no podemos debido a que nuestro gasto en beneficencia las excluye.[17]

La respuesta a la pregunta «¿Cuánto debo dar?» es entonces «Más de lo que puedo permitirme». Todos gastamos mucho más en cosas que no necesitamos que en causas que verdaderamente son preciadas para Dios, es decir, en el esparcimiento del evangelio y la atención a los pobres.

NO LE TEMA A LA ESPONTANEIDAD

Todos hemos experimentado lo incómodo de una luz roja prolongada en un semáforo que alarga el encuentro con un indigente en la esquina. Tratamos de mirar por encima de ellos y oramos que el semáforo cambie. De manera similar, mantenemos nuestros ojos persistentemente fijos en la puerta de la tienda de la esquina para evitar el contacto ocular con la persona que está sentada en la acera cerca de la entrada, sabiendo que si ve que lo notamos nos pedirá dinero. Nos decimos que obviamente no podemos ayudar *a todos*, pero nunca deberíamos permitir que eso nos lleve a concluir que no debemos tratar de ayudar *a cualquiera*.

Hace meses mi esposa, Donna, vio frente a un almacén a una madre con dos niñas pequeñas pidiendo ayuda. Al principio ella siguió conduciendo, pero sabía en su corazón que se suponía que debía ayudarlas, así que fue a una pizzería cercana y compró una pizza. Cuando volvió, le dio a la mujer algo de dinero y les dio la pizza a las niñas. Al contarme luego lo que sucedió, se le quebró la voz. «Nunca he visto a dos niñitas con tanta hambre y tan entusiasmadas al recibir una pizza».

Dios no creó al mundo y luego nos dejó librados a nuestros propios recursos. Él siempre se interesa, siempre interviene y siempre nos pone precisamente donde nos quiere a fin de que realicemos su obra en la tierra. Lo que parece ser un encuentro casual o un momento de espontaneidad para nosotros es parte de su plan, y ningún acto de generosidad es demasiado pequeño.

Todas las semanas, tal vez todos los días, nos cruzamos con necesitados, no solo los que están en la calle y los que han caído en serias dificultades, sino también otros. Como adultos, sabemos que si nos detenemos para ayudar a todos, nunca lograremos hacer nada. Sin embargo, eso no quiere decir que nunca debemos detenernos. Significa que usamos el discernimiento y el buen juicio, y ponemos nuestra fe en el Espíritu Santo para que nos impulse a actuar. Y entonces... actuamos.

Si usted tiene la actitud de ayudar a otros, el Señor le mostrará lo que debe hacer. Pídale al Señor todos los días, cada día, que le haga sensible a las personas a las que debe ayudar. Y él lo hará.

ORE CON RESPECTO A CONVERTIRSE EN UN RADICAL

¿Alguna vez ha considerado la generosidad radical del Señor hacia usted?

«Porque ya conocéis la gracia de nuestro Señor Jesucristo, que por amor a vosotros se hizo pobre, siendo rico, para que vosotros con su pobreza fueseis enriquecidos» (2 Corintios 8.9).

La generosidad radical es dar todo su «tiempo, talento y tesoros por amor al reino de Dios y una recompensa celestial, sin esperar ninguna recompensa (terrenal) por la inversión».[18]

¿Cómo se ve una vida de generosidad radical?

Considere a David Green, fundador del almacén Hobby Lobby. La riqueza de Green se calcula actualmente en 5.800 millones de dólares; el hombre más rico número 81 en Estados Unidos de América, de acuerdo a Forbes. Pero su experiencia con la generosidad empezó en su cochera en 1970, en donde él y su esposa, Bárbara, empezaron a hacer marcos para cuadros. Después de muchos años de soñar y arduo trabajo, habían convertido su plan inicial en el almacén de venta al por menor de artículos para artes manuales de propiedad privada más grande del mundo. Hoy, las ventas de Hobby Lobby al año ascienden a un total de 4.000 millones de dólares, y emplea más de 30.000 personas en cuarenta y siete estados.

Cada año Green y su familia ofrendan el cincuenta por ciento de las ganancias de la compañía. Se calcula que ha ofrendado más de quinientos millones de dólares en su vida, comprando y donando terrenos y propiedades a una variedad de ministerios por todo el mundo. También ha financiado el reparto de más de 1.400 millones de ejemplares de literatura evangélica por todo el mundo.

La fuerza impulsora detrás de la generosidad de Green es una visión de algo más grande que su vida. «Quiero saber que he afectado a las personas para la eternidad. Pienso que es así. Estoy convencido de que una vez que alguien conoce a Cristo como su Salvador personal, he afectado la eternidad. Y lo hago de aquí a diez mil millones de años».[19]

¿Recuerda a Charles Feeney, el filántropo multimillonario que inspiró a Bill y Melinda Gates? Él hizo su fortuna y luego la aumentó invirtiendo sabiamente a fin de poder dar más dinero. En realidad, él puede haber dado una porción mayor de su riqueza que cualquier otro filántropo estadounidense importante de nuestros días.

Sin embargo, Charles Feeney nunca ha sido dueño de una casa ni de un automóvil. Hasta que cumplió los setenta y cinco años, viajaba en clase turista, no en primera clase. Él viste ropa sencilla, tiene un reloj barato de plástico y prefiere las hamburguesas en su restaurante favorito en lugar de los restaurantes de lujo.

A finales del 2016, la fundación Charles Feeney donó sus últimos siete millones de dólares a la Universidad Cornell para ayudar a los estudiantes a servir su comunidad.[20] Tal vez el banco no le haya rechazado ningún cheque hasta el momento, pero con certeza ha alcanzado su meta de «dar mientras está vivo».

ASEGÚRESE DE QUE ESTÁ AVANZANDO HACIA SU TESORO

Muchos están familiarizados con estas palabras de Jesús:

> No os hagáis tesoros en la tierra, donde la polilla y el orín corrompen, y donde ladrones minan y hurtan; sino haceos tesoros en el cielo, donde ni la polilla ni el orín corrompen, y donde ladrones no minan ni hurtan. Porque donde esté vuestro tesoro, allí estará también vuestro corazón. (Mateo 6.19–21)

Muchos menos de nosotros estamos familiarizados íntimamente con estas sabias palabras del apóstol Pablo:

> Enséñales a los ricos de este mundo que no sean orgullosos ni que confíen en su dinero, el cual es tan inestable. Deberían depositar su confianza en Dios, quien nos da en abundancia todo lo que necesitamos para que lo disfrutemos. Diles que usen su dinero para hacer el bien. Deberían ser ricos en buenas acciones, generosos con los que pasan necesidad y estar siempre dispuestos a compartir con otros. De esa manera, al hacer esto, acumularán su tesoro como un buen fundamento para el futuro, a fin de poder experimentar lo que es la vida verdadera. (1 Timoteo 6:17–19, NTV)

Usted tal vez piense que no es rico, pero lo es. De acuerdo a *Forbes*: «La persona típica que se encuentra en el cinco por ciento inferior de la distribución de ingresos en Estados Unidos es todavía más rica que el sesenta y ocho por ciento de los habitantes del mundo».[21]

No importa cuánto sean sus ingresos, usted está o bien alejándose de su tesoro o avanzando hacia él. El Señor Jesús nos da una alternativa en este asunto. Cada latido de nuestro corazón nos acerca más a la eternidad. Si egoístamente gastamos nuestras vidas en la búsqueda de riqueza en la tierra, entonces desperdiciamos nuestras vidas. Pero si su tesoro se encuentra en el cielo, usted siempre está avanzando hacia él.

En muchas culturas a través de la historia se enterraba a los muertos con artículos que podrían necesitar en la próxima vida. Piense en las extravagantes tumbas de los faraones egipcios repletas de oro, joyas preciosas, armas... ¡e incluso comida! O en el numerosísimo ejército subterráneo de soldados de terracota enterrados con Qin Shi Huang, primer emperador de China, supuestamente para que lo protegieran en la otra vida. No obstante, no importa lo que seamos ni cuánta riqueza amasemos en esta tierra, nada de eso se va con nosotros cuando morimos.

Stephen King, autor de *best sellers*, dijo estas palabras a los graduados de la Universidad Vassar en el 2001:

Hace un par de años descubrí lo que quiere decir «no puedes llevártelo contigo». Lo descubrí mientras yacía en una zanja, junto a una carretera rural, cubierto de lodo y sangre, y con la tibia de mi pierna derecha sobresaliendo de los pantalones como una rama de un árbol derribada en una tempestad. Tenía mi tarjeta de crédito en mi billetera, pero cuando uno está yaciendo en una zanja con cristales rotos en el pelo, nadie acepta tarjetas.

Venimos desnudos y en bancarrota. Tal vez estemos vestidos cuando nos vamos, pero igualmente en bancarrota. ¿Warren Buffet? Se irá sin nada. ¿Bill Gates? Se irá sin nada. ¿Tom Hanks? Se irá sin nada. ¿Steve King? En bancarrota. Ni un mísero centavo.

Todo el dinero que usted gana, todas las acciones que compra, todos los fondos mutuos que comercia; todo eso principalmente es humo y espejos. Todavía será un cuarto de hora demasiado tarde, ya sea que compruebe la hora en un Timex o en un Rolex [...]

Así que quiero que considere hacer de su vida una gran dádiva a otros. ¿Y por qué no? Todo lo que tiene es prestado, de todas maneras. Todo lo que dura es lo que le da a los demás [...]

[Este mundo necesitado] no es un cuadro bonito, pero tenemos el poder de ayudar, el poder de hacer un cambio. ¿Y por qué nos rehusaríamos? ¿Por qué vamos a llevárnoslo todo con nosotros? Por favor [...]

Una vida de dar —no simplemente dinero, sino tiempo y espíritu— recompensa. Nos ayuda a recordar que tal vez nos vayamos sin un centavo, pero que ahora mismo nos va bien. Ahora mismo tenemos el poder de hacerles un gran bien a otros y a nosotros mismos.

Así que le pido que empiece a dar y que continúe como empieza. Pienso que al final hallará que tiene más de lo que nunca ha tenido, y que hizo mucho más bien del que jamás soñó.[22]

Hace años se publicó en la Internet un video de una mujer que vendía rosas en el subterráneo de la ciudad de Nueva York por un dólar cada una. En el video, un hombre se le acerca y le pregunta cuánto cuestan todas las rosas que tiene para vender. Él le da ciento cuarenta dólares por todas las rosas que tenía, pero en lugar de llevarse consigo lo comprado, le pide a la vendedora de rosas que se las regale a otras personas. Cuando el tren se detiene, él se baja, dejando a la mujer totalmente aturdida. Ella se echa a llorar.

María López, la pasajera que filmó el encuentro, le contó al *Huffington Post*: «Ella se echó a llorar por el alivio de que alguien en realidad fuera generoso. Ese pequeño gesto de humanidad es algo muy gigantesco. Constituye un testamento a la falta de amor y la falta de generosidad en el mundo. Pienso que la gente anhela eso».[23]

Sí, la gente anhela eso. Y con cada acto espontáneo de generosidad usted está dándoles esperanza a otros que tal vez se hallen en la cúspide del abandono. Dios lo pone donde Él lo quiere a fin de que usted aproveche las oportunidades para amar y dar.

Recuerde lo que aprendimos al principio de este capítulo: la generosidad no tiene que ver con el signo de dólares. Es una cuestión del corazón. Es una cuestión de sostener las dádivas de Dios con las manos abiertas en lugar de cerrar nuestros puños a su alrededor y aferrarnos como si en ellas nos fuera la vida.

Ya sea que usted llegue a ser el próximo Bill Gates, o viva equilibrándose en el filo de la pobreza, tiene la oportunidad de cambiar al mundo mediante la generosidad. La economía de Dios no encaja dentro de nuestros gráficos circulares. Es mucho más grande, mejor y más benevolente que eso. Y nos ha sido dado el insuperable don de ser las manos y los pies de Dios, de ser los conductos de su amor en un mundo que desesperadamente lo necesita.

Pido a Dios que pongas en práctica la generosidad
que proviene de tu fe a medida que comprendes y
vives todo lo bueno que tenemos en Cristo.

—FILEMÓN 1:6, NTV

CAPÍTULO 7

UNA VIDA DE INTEGRIDAD

Integridad es decirse la verdad uno mismo.
Honradez es decirles la verdad a otros.

Joey Prusak, un joven de diecinueve años, estaba de turno en el mostrador del restaurante Dairy Queen, en Hopkins, Minnesota, cuando un hombre ciego ordenó una comida. Cuando el señor iba a pagar, un billete de veinte dólares se resbaló de su bolsillo y cayó al piso. La mujer que estaba detrás de él rápidamente recogió el billete y lo metió en su cartera. Cuando ella pasó al mostrador, Joey le pidió que le devolviera el dinero al hombre ciego. La mujer se negó, afirmando que a ella se le había caído el billete. Joey sabía lo que había sucedido, y cuando ella siguió negándose después de una segunda petición, se negó a servirle y le pidió que se fuera del restaurante. El joven permaneció calmado mientras la mujer despotricaba contra él furiosa y salía hecha una tromba.

Joey fue directamente a la mesa donde el hombre estaba comiendo, le explicó lo que había sucedido y le dio un billete de veinte dólares de su propia billetera. Un cliente que presenció la escena envió la historia por correo electrónico a la empresa Dairy Queen. La empresa imprimió el correo y lo colocó en una cartelera, alguien lo fotografió, lo puso en Facebook, y la experiencia se volvió viral. Pronto la informaron en los noticieros y los periódicos de toda la nación, y Joey se vio bajo una avalancha de llamadas y recompensas. Incluso recibió una llamada de Warren Buffet, cuya compañía es dueña del Dairy Queen, agradeciéndole e invitándolo a la próxima reunión de accionistas.[1]

¿Por qué esta acción tan reconfortante de parte de un adolescente atrajo tanta atención? Porque aunque vivimos en un mundo donde buscar atajos morales es la norma, nuestro corazón sabe que fuimos hechos para algo mejor. Anhelamos un mundo en el cual la integridad sea nuestra forma de vida y las acciones como la de Joey sean la norma.

Tal vez no veamos ese mundo en nuestra vida, pero podemos producir tal mundo dentro de nosotros mismos. Eso es lo que hacemos cuando procuramos vivir con integridad. Historias como esta me recuerdan que si un joven de diecinueve años que trabaja en un restaurante puede vivir con tanta integridad, nosotros también podemos hacerlo. En estos tiempos caóticos, eso resulta profundamente tranquilizador.

Siempre ha habido quienes se jactan de «salirse con la suya», que usan atajos morales, o que piensan que las reglas no se aplican a ellos. Sin embargo, hoy es diferente. La cultura popular celebra a tales personas y la tecnología actual constantemente las hace desfilar frente a nuestros ojos, desalentando nuestros esfuerzos de vivir con más verdad.

En el año 2012, la exitosa empresaria e inversionista Amy Rees Anderson escribió un breve artículo en la revista *Forbes*, «El éxito vendrá y se irá, pero la integridad es para siempre», acerca de si la integridad todavía importa. Esta es su afirmación:

Vivimos en un mundo en el cual casi ni se habla lo suficiente en cuanto a la integridad. Vivimos en un mundo donde la idea de que «el fin justifica los medios» ha llegado a ser una escuela de pensamiento aceptable para demasiados. Los vendedores exageran las promesas y entregan menos, todo a título de cumplir su cuota para el mes. Los solicitantes exageran en las entrevistas de empleo porque necesitan desesperadamente un trabajo. Los gerentes en jefe exageran las ganancias proyectadas porque no quieren que las juntas de directores los remplacen [...] Los representantes del servicio al cliente cubren un error que cometieron porque tienen miedo de que el cliente los deje. Los empleados llaman diciendo que están «enfermos» debido a que ya no tienen tiempo libre pagado cuando en realidad simplemente necesitan hacer las compras de Navidad. La lista sigue y sigue, y en cada caso los que realizan la acción deshonrosa se dicen a sí mismos que tienen una razón perfectamente válida, porque el resultado final justifica su falta de integridad.[2]

La integridad empieza con lo que nos decimos a nosotros mismos. Cuando buscamos atajos morales, siempre hay alguien que sabe la verdad: la persona que nos mira desde el espejo cada mañana. Con certeza, podemos mentirnos a nosotros mismos, racionalizar, buscar excusas o negar las cosas. Sin embargo, cuando lo hacemos, lo que realmente negamos y de lo que huimos es de la verdad de quién es Dios: Él sabe todo lo que hacemos, pensamos y sentimos. Mentirnos a nosotros mismos puede permitir que justifiquemos lo que hemos hecho, pero nunca engaña a Dios.

El *Oxford Dictionary* define *la integridad* como «la cualidad de ser sincero y tener fuertes principios morales». Los sinónimos incluyen *honradez, honor, buen carácter, equidad, sinceridad* y *confiabilidad*; todas ellas virtudes de la vida cristiana.

No obstante, si leemos un poco más, la segunda definición que el diccionario da de integridad nos ofrece una noción más honda: «el estado de estar completo e indiviso».[3]

Completo e indiviso. Tener integridad es sentirse completo, tener integradas todas las partes de nuestra vida; tenerlas intactas, interconectadas, incorruptas y operando juntas como una sola unidad. Una persona de integridad tiene todo esto entretejido tan profundamente en su carácter, que está integrado en su ser más interno como un estándar firme desde el cual fluyen todas sus acciones. Tal persona nos asombra. Tal persona es lo que queremos ser.

LA FIDELIDAD DE DIOS

El término bíblico para *integridad* es «fidelidad». Y fidelidad es uno de los atributos clave de Dios.

Al abrir las páginas del Antiguo Testamento, casi de inmediato se nos presenta al Dios fiel. Un día Moisés habló con Dios y le preguntó su nombre. Y Dios le dijo a Moisés: «YO SOY EL QUE SOY» (Éxodo 3.14).

Esa parece ser una manera extraña de responder a la pregunta de Moisés, pero lo que Dios estaba diciendo es: «Yo soy el Dios que no tiene pasado ni futuro. Soy el Dios del presente eterno. Soy el Dios fiel, y lo que digo es verdad». En la mente y el corazón de Dios la promesa y el cumplimiento se ven en el mismo tiempo verbal. Dios no espera ser fiel en el futuro. Dios siempre es fiel, porque Dios vive en el eterno ahora.

¿Recuerda el anuncio comercial de una empresa aseguradora que usaba la imagen de una roca gigantesca para demostrar estabilidad? Ellos le pedían a uno: «Consiga un pedazo de la roca», implicando que si uno compraba ese tipo de seguro, podía confiar en que estaría allí cuando lo necesitara.

El anuncio tocaba una cuerda sensible, porque queremos fuerza y protección inamovibles, inquebrantables, como la de un peñasco gigantesco, asegurándonos en la vida. Nuestras almas anhelan la fortaleza como de una roca de un carácter formado a la imagen de Dios. Y podemos tenerlo, porque la estabilidad de las personas con esa clase de fibra moral se arraiga en su integridad.

Deuteronomio 32.4 dice: «Él [Dios] es la Roca, cuya obra es perfecta, porque todos sus caminos son rectitud; Dios de verdad, y sin ninguna iniquidad en él; es justo y recto».

La integridad no siempre es fácil, pero provee recompensas y una seguridad profunda. Si usted ha vivido tomando atajos morales, lleva una carga pesada. Esa carga lo doblega, empujándolo cada vez más hacia abajo en la corrupción moral.

Usted debe renunciar a su falta de honradez, arrepentirse ante Dios, pedir perdón y hacer enmiendas siempre que pueda. Si verdaderamente aspira a tener una integridad sólida como la roca, pídale sinceramente al Espíritu Santo la fuerza para cambiar y que le dé todo lo que necesita para que ese cambio suceda. Cuando hace esto, la fidelidad e integridad de Dios empiezan a fluir en su vida.

¿QUÉ ES LA INTEGRIDAD?

En su libro *Siete hábitos de las personas altamente efectivas*, Stephen Covey dice que la integridad es...

> el valor que nos asignamos nosotros mismos. Es nuestra capacidad de hacer compromisos con nosotros mismos y cumplirlos, de «practicar lo que predicamos» [...] Su disciplina viene desde adentro; es una función de su voluntad independiente. Usted es un discípulo,

un seguidor de sus propios valores profundos y sus fuentes. Y usted tiene la voluntad, la integridad, de subordinar sus sentimientos, sus impulsos y su talante a esos valores.[4]

A veces descrita como fidelidad, a veces como firmeza, la integridad siempre significa la determinación de ser una persona de palabra y cumplir los compromisos. Una persona de integridad es constantemente fiel a la verdad, está comprometida a hacer lo correcto, y hace lo que dice que hará.

Esta fidelidad no es simplemente una verdad importante acerca de Dios, sino que también es un tema importante en la Biblia. La palabra misma aparece veintiún veces, la mayoría de ellas en el libro de Proverbios. El ejemplo superior de integridad en la Biblia es Job. José y Daniel también se caracterizan de manera especial por este rasgo de carácter.

El escritor del libro de Proverbios pregunta: «Pero hombre de verdad, ¿quién lo hallará?» (Proverbios 20.6). Y por toda la Biblia se nos da la respuesta a esa pregunta: no muchos. En el Antiguo Testamento se les da el título de «fiel» solo a cinco personas: Daniel, Ananías, Moisés, Samuel y Abraham.

En el Nuevo Testamento solo ocho —Lidia, Timoteo, Pablo, Tíquico, Epafras, Onésimo, Silvano y Antipas— fueron declarados personas «fieles».

¿Reconoce usted todos esos nombres? Probablemente no. En la lista de los fieles de la Biblia hay más personalidades oscuras que bien conocidas. Sin embargo, aunque fueran menos conocidas, como Ananías o Epafras, o familiares, como Abraham y Pablo, hoy se les honra, milenios después, por su integridad. Lo que le importa a Dios no es cuán importantes, cuán bien conocidos, o cuán talentosos fueron. ¡Lo que le importa es cuán fieles fueron!

La integridad no está reservada para lo que nuestra cultura percibe como «grandeza» o «importancia». Dios honra la integridad en todos nosotros —los que llevan vidas humildes tranquilas, los que sufren y los que la sociedad da por sentado que serán olvidados— así como también en aquellos cuyos nombres todos conocemos. El pastor Rick Ezell escribió:

> La integridad no es reputación, es decir, la opinión que otros tienen de nosotros. La integridad no es éxito, es decir, nuestros logros. La integridad incorpora la suma total de nuestro ser y nuestras acciones. La integridad no es algo que tenemos, sino algo que somos. Inevitablemente se muestra en lo que hacemos y decimos. La integridad es necesaria porque la gente nos está observando. ¿Reflejará nuestra conducta lo que creemos? ¿Se corresponderá nuestro carácter con nuestra confesión?.[5]

Las personas así son honradas en sus negocios. Evitan la calumnia y el chisme. Guardan las confidencias y no impugnan falsamente la integridad o los motivos de otros. Hablan respetuosa y apropiadamente, y tratan bien a los demás, incluso a aquellos que no conocen. Están dispuestos a decir: «Me equivoqué», y asumen la responsabilidad por sus propios errores; incluso aquellos que pudieran haber quedado ocultos o por los que se pudiera culpar a otros. Para parafrasear a Will Rogers: «Viven de tal manera que no se avergonzarían de venderle la cotorra de la familia a la chismosa del pueblo».[6]

Warren Buffet, presidente y gerente en jefe de la empresa Berkshire Hathaway, describe la significación de la integridad cuando dice: «Buscamos tres cosas cuando empleamos a las personas. Buscamos inteligencia, buscamos iniciativa o energía, y buscamos integridad. Y si no tienen esta última, las dos primeras lo matarán».[7]

Ahora que ya tenemos un concepto bastante bueno de su significado, veamos varias decisiones que usted puede tomar para llegar a ser una persona de integridad.

SEA HONESTO CONSIGO MISMO

Antes de que empiece su jornada hacia la integridad, necesita determinar su punto de partida. En otras palabras, ¿cuál es su cociente de integridad? ¿Cuánta integridad tiene?

En su libro *Honesty, Morality, and Conscience* [Honestidad, moralidad y la conciencia], Jerry White contó la siguiente historia acerca de la oración legendaria del jugador de béisbol Ted Williams:

> Cuando Ted Williams tenía cuarenta años y se acercaba al fin de su carrera con los Medias Rojas de Boston, sufría de un nervio comprimido en el cuello. «Eso era tan malo», explicó luego, «que casi ni podía voltear la cabeza para mirar al lanzador» [...] Por primera vez en su carrera bateó por debajo de .300, promediando solo .254 con diez jonrones. Era el jugador con mayor salario en los deportes ese año, ganando 125,000 dólares. Al año siguiente los Medias Rojas le enviaron el mismo contrato.
>
> «Cuando lo recibí, lo devolví con una nota. Les dije que no firmaría mientras no me dieran el recorte completo de salario permitido. Pienso que era como el veinticinco por ciento. Mi sentimiento era que los Medias Rojas siempre me habían tratado con equidad cuando se trataba de contratos.
>
> »Nunca tuve ningún problema con ellos en cuanto a dinero. Ahora me estaban ofreciendo un contrato que no me merecía. Y yo solo quería lo que me merecía» [...]
>
> ¡Williams redujo su propio salario por 31.250 dólares![8]

Como creyentes debemos ser implacablemente honrados con nosotros mismos. «De todas las mentiras que decimos, las que nos decimos nosotros mismos son las más mortales. Cuestione sus motivos. Deje de justificar lo que sabe que está mal. Deje de disculparse a sí mismo».[9]

David una vez le pidió a Dios que lo ayudara con esto, y esta es su oración sincera en Salmos 139:

> Oh Señor, has examinado mi corazón
>> y sabes todo acerca de mí.
> Sabes cuándo me siento y cuándo me levanto;
>> conoces mis pensamientos aun cuando me encuentro lejos
>
> Examíname, oh Dios, y conoce mi corazón;
>> pruébame y conoce los pensamientos que me inquietan.
> Señálame cualquier cosa en mí que te ofenda
> y guíame por el camino de la vida eterna. (vv. 1, 2, 23, 24, NTV)

Haga un inventario moral de usted mismo. Considérese responsable por lo que diga y haga en el futuro. Avanzar hacia una vida más fiel, justa y sincera empieza con una confrontación veraz de lo que es usted. No puede exigirse cuentas si no se ve a sí mismo con claridad.

Verdaderamente desearía poder darle un lugar más fácil para empezar, pero no puedo. Déjeme decirle lo que sé: usted no puede ir a ninguna parte si no empieza con la verdad. La confesión básicamente significa decir lo mismo que Dios dice en cuanto a su pecado. Así que si afirma que quiere cultivar la integridad, pero no está dispuesto a enfrentar las partes escabrosas y confesarlas, no llegará allá.

DIGA LA VERDAD

Una manera en que la integridad se revela es cuando decimos la verdad. Tome nota de algunos proverbios:

La integridad de los rectos los encaminará; pero destruirá a los peca-dores la perversidad de ellos. (Proverbios 11:3)

Los labios mentirosos son abominación a Jehová; pero los que hacen verdad son su contentamiento. (Proverbios 12.22)

Reflejamos el carácter de Dios cuando decimos la verdad, porque «Dios [...] no miente» (Tito 1.2). No obstante, esto no es fácil:

La honradez siempre ha sido difícil de hallar. Diógenes, el filósofo griego, encendía una lámpara durante el día y andaba por todas par-tes buscando a una persona sincera. Blas Pascal dijo que no esperaba conocer a tres hombres sinceros en un siglo [...]

La honradez es como un bumerán. Nuestras palabras, junto con lo que somos, siempre dan la vuelta completa. Cada vez que los indi-viduos se dedican a actividades deshonrosas de cualquier clase, los resultados vuelven para acosarlos. Simplemente pregúntele a cual-quier político en cuanto a sus secretos inconfesables.[10]

Cuando decimos la verdad, no tenemos que mirar hacia atrás por sobre el hombro con miedo. No tenemos que estar siempre «cubrien-do nuestros pasos». Decir la verdad es la esencia de la integridad. Una vez más, el escritor de Proverbios dice: «El que camina en integridad anda confiado; mas el que pervierte sus caminos será quebrantado» (10.9).

Esto no es licencia para decir cosas descomedidas porque uno cree que son verdad. Nunca olvide que junto con la integridad genuina vie-ne la madurez espiritual y la gracia. Jesús estaba lleno de gracia y ver-dad. Nunca se cohibió en cuanto a decir la verdad. Cuando hablaba la verdad, era debido a su amor por nosotros.

Todos conocemos personas que están llenas de mucha gracia, pero no llenas de verdad. Son encantadoras, cariñosas y lisonjeras, pero no hay verdad real en ellas. Por otro lado, también conocemos personas que hablan verdad, pero no tienen gracia y, pues bien... ¡en realidad nadie quiere escucharlas!

Aunque usted no lo crea, decir la verdad es un rasgo del carácter en el que los líderes cristianos necesitan trabajar. Por ejemplo, un deporte favorito de salón para muchos pastores es el embellecimiento de la asistencia de la iglesia. Lo llamamos «hablar evangelizadoramente».

Escuché de dos pastores que hablaban sobre la asistencia a sus respectivas iglesias. Uno le dijo al otro: «Si miento en cuanto a la asistencia de mi iglesia, y tú sabes que yo estoy mintiendo en cuanto a la asistencia, y yo sé que tú sabes que yo estoy mintiendo en cuanto al número de asistentes, ¿no es eso como decir la verdad?».

Por otro lado, están los que dicen la verdad en cuanto a esas cifras. Alguien le preguntó a otro pastor con respecto a la asistencia inquiriendo: «Pastor, ¿cuántos están trayendo a su iglesia este año?». El otro pastor con sinceridad respondió: «Estamos trayendo a más de mil, pero solo logramos que entren como seiscientos».

CUMPLA SU PALABRA

Antes de dejar Mount Vernon para asumir la presidencia, en la primavera de 1789, George Washington escribió: «Integridad y firmeza es todo lo que puedo prometer; estas, sea el viaje largo o corto, nunca me abandonarán aunque me dejen todos los hombres».[11]

Washington estaba rodeado de hombres brillantes: Benjamín Franklin, Thomas Jefferson, Patrick Henry, John Adams, Alexander Hamilton, James Madison y más. Todos ellos estaban mejor educados que él, y ciertamente muchos eran ambiciosos; algunos incluso llegaron a ser presidentes. Sin embargo, en tres diferentes coyunturas durante la guerra de la independencia y la fundación de Estados Unidos de América, tres veces cuando todo colgaba en la balanza, todos estos hombres brillantes, bien educados, escogieron a George Washington como su líder. ¿Por qué?

¿Qué había en Washington que constantemente le ganó la admiración y la confianza más alta de sus iguales? En los escritos de sus contemporáneos e historiadores que han estudiado su vida, una razón se menciona con más frecuencia que cualquier otra: «La característica que más comúnmente se cita y se da para que haya surgido como líder supremo es su carácter».[12]

Confiaban en que él cumpliría su palabra, porque siempre lo había hecho. En más de una ocasión Washington podía haber cambiado el curso de la historia convirtiéndose más en monarca que en presidente, enriqueciéndose él mismo en lugar de preocuparse por el bienestar del joven país, y acumulando y acaparando el poder cuando era tiempo de que lo dejara. No obstante, en lugar de eso, cumplió su palabra.

Ser una persona de palabra es la piedra angular de la integridad, y aquellos que lo rodean lo sabrán y lo respetarán. Como ya se anotó, la integridad significa que todas las partes de su carácter están unificadas por la fidelidad a la verdad. Quebrantar su palabra rompe esa unidad, y los pedazos del carácter caen como trozos de alfarería rota.

En la obra «A Man for All Seasons» [Un hombre para todas las temporadas], de Robert Bolt, Thomas More dice: «Cuando un hombre hace un juramento [...] tiene a su mismo ser en sus propias manos. Como agua. Y si abre sus dedos, *entonces* no necesita esperanza para hallarse a sí mismo de nuevo».[13]

Si he hecho una promesa, entonces no tengo otra alternativa que cumplirla, ya sea que haya prometido una cosa pequeña como recoger la ropa de la tintorería, o algo grande como un crucero en el

Mediterráneo. Debo hacer lo que digo que haré por ninguna otra razón además de que haya dicho que lo haría. De otra manera, mi integridad está en juego. ¿Hay cosas fuera de mi control que pueden impedirme que cumpla mi palabra? Sí, pero aun así es mi responsabilidad hacer todo lo que puedo, y asegurarme de que la interrupción o el suceso no fueron causados parcialmente debido a que no hice todo lo posible para cumplir mi palabra.

La persona que cumple sus promesas refleja el carácter de Dios. «Conoce, pues, que Jehová tu Dios es Dios, Dios fiel, que guarda el pacto y la misericordia a los que le aman y guardan sus mandamientos, hasta mil generaciones» (Deuteronomio 7.9).

Esta es otra definición de integridad que lleva este punto en particular al extremo: integridad es cumplir un compromiso después de que las circunstancias bajo las cuales se hizo el compromiso han cambiado.

El dueño de un almacén entrevistó a un joven para un empleo. Le preguntó: «Si te empleo para que trabajes en mi almacén, ¿serás honrado y veraz?». El joven respondió: «Seré honrado y veraz, ya sea que usted me emplee o no».

SEA LO QUE ES

Hace muchos años escuché a un predicador rural pronunciar estas palabras sabias en cuanto a la integridad: «Sé lo que eres, no lo que no eres; porque si no eres lo que eres, eres lo que no eres». Vivir con integridad significa vivir de manera genuina y sincera. Uno es la misma persona sin que importen las circunstancias.

Pablo les instruye a los Filipenses que sean «sinceros e irreprensibles para el día de Cristo» (Filipenses 1.10). Consideremos más detenidamente el vocablo *integridad* que Pablo usó aquí:

Un sinónimo de *integridad* es *sinceridad*; el estado de ser veraz, genuino y libre de engaño o duplicidad. La palabra *sinceridad* proviene de latín *sincerus*, que quiere decir «limpio y puro por dentro y por fuera». El latín *sincerus* viene de dos raíces latinas, *sine* («sin») y *cera* («cera»). La tradición cuenta que los escultores romanos pícaros cubrían las fallas y defectos de sus estatuas con relleno de cera. El engaño duraba solo hasta que el sol caliente del verano derretía la cera y dejaba expuesta la falla. De una escultura que era pura y sin defectos se decía que era *sine cera*, sin cera.

De la misma manera, una vida humana que es pura e íntegra es *sine cera*, sin cera.[14]

De todas las preguntas que la gente les hace a mi familia y amigos en cuanto a mí, esta es la que encabeza la lista: ¿Cómo es el doctor Jeremiah en casa? ¿Cómo es con sus hijos? ¿Con su esposa? ¿Cómo es detrás de bastidores antes de que salga para hablar?

Lo que están preguntando es: ¿es él un hombre de integridad? ¡Mi oración es que la respuesta a esa pregunta siempre sea positiva! Una persona de integridad no será un doctor Jekyll respetable en acción y que se transforma en un furioso señor Hyde en casa.

En el teatro griego antiguo, los actores llevaban máscaras modeladas o pintadas con expresiones fijas diseñadas para reflejar la personalidad del representado. A estos actores se les llamaba hipócritas, que en ese tiempo significaba «actor»: uno que asume la personalidad de un personaje según un libreto en una representación en el escenario. Con el tiempo la palabra *hipócrita* se aplicó metafóricamente a todo el que pretende ser algo que no es, en especial con el propósito de engañar.

Las personas auténticas no llevan máscaras para esconder lo que son. No ajustan su imagen pública ni modifican sus normas para que se ajusten a cualquier grupo o situación en que se hallen. Son la misma persona, actuando con el mismo estándar, donde quiera que estén. El «usted» en la iglesia debe ser el mismo «usted» en casa, en el trabajo, al conducir, cuando está en la Internet, cuando publica algo en Facebook o Twitter.

En cierta ocasión una mujer le preguntó a Juan Wesley qué haría si supiera que a medianoche al día siguiente moriría. Después de pensar un minuto, él dijo: «Pues bien, haría simplemente lo que me propongo hacer. Predicaría en Gloucester esta noche, y de nuevo a las cinco de la madrugada mañana. Luego me iría a Tewkesbury y predicaría en la tarde y me reuniría con las sociedades después de la reunión. Luego iría a la casa de los Martin que me han invitado para una reunión, y me retiraría como a las diez de la noche. Me encomendaría al Padre celestial, me acostaría a descansar, y me despertaría en la gloria».[15]

Estaba diciendo que si supiera que moriría a la noche siguiente, no cambiaría nada, porque había determinado ser fiel a lo que Dios lo había llamado a hacer.

El Señor nuestro Dios es uno. Si procuramos ser como Él, íntegros hasta la médula, nuestras vidas se volverían más sencillas y menos complicadas. Tal como Dios es uno, mi meta como persona es ser uno. Busque el centro de lo que usted es y séalo.

EVITE LAS MALAS COMPAÑÍAS

El apóstol Pablo dijo: «Las malas compañías corrompen el buen carácter» (1 Corintios 15.33, NTV).

Nosotros pensamos que conocemos a los que nos rodean, pero la capacidad de discernir la sinceridad en otros es más rara de lo que uno piensa. He hablado y asesorado a algunas personas que han venido a mi oficina, y, sin embargo, nunca estuve seguro de si me habían dicho la verdad o no.

El discernimiento es algo que continuamos desarrollando durante toda nuestra vida, pero hay algunas conductas que son inequívocas. Siempre me sorprende cómo muchas buenas personas racionalizan para sí mismas la conducta de los que los rodean, o dicen que no vieron las señales de alarma rojas. ¿En serio? ¿O fue simplemente que no querían verlas?

Tal como usted puede decirse la verdad a sí mismo acerca de su propia conducta si escoge hacerlo, también puede decirse la verdad en cuanto a la conducta de otros *si lo decide.*

No subestime la influencia que ejercen sobre su vida los que se asocian con usted. Si la conducta de ellos es positiva, se sentirá estimulado. Si estar con ellos lo deja escaso de gozo y positivismo, si se siente incómodo, deprimido, lastimado o asustado, entonces ya tiene su respuesta.

La negatividad es corrosiva. La conducta negativa es contagiosa.

A veces en realidad no vemos esas señales de alarma. Si usted siente que verdaderamente no puede discernir el carácter de aquellos que le rodean, pídale al Espíritu Santo que se lo revele. ¡Y escuche lo que Él pone en su corazón!

Amy Rees Anderson nos da este consejo:

Evite a los que no son dignos de confianza. No haga tratos con ellos. No se asocie con ellos. No busque disculpas para ellos. No se deje engañar creyendo que «aun cuando puedan ser insinceros con otros, jamás lo serían conmigo». Si alguien es deshonesto en algún aspecto de su vida, puede tener por seguro que lo será en muchos otros aspectos. Usted no puede descartar incluso esas pequeñas acciones de falta de integridad, tales como la persona que se lleva dos periódicos del puesto mientras que paga por uno solo. Después de todo, si no se puede confiar en una persona en las cuestiones de integridad más sencillas, ¿cómo se puede posiblemente confiar en que mantendrá contratos prolongados y negocios complejos? [...]

«El que con perros se acuesta, con pulgas se levanta». Inevitablemente llegamos a ser cada vez más como las personas con quienes nos rodeamos día a día. Si nos rodeamos de personas que son insinceras y rápidas para tomar atajos a fin de avanzar, entonces con certeza nos hallaremos siguiendo un patrón de primero aguantar su conducta, luego aceptar su conducta, y finalmente adoptar su conducta. Si usted quiere edificar una reputación como persona de integridad, rodéese de personas de integridad.[16]

SEA HALLADO FIEL

Uno de los grandes versículos sobre la integridad es 1 Corintios 4.2: «Ahora bien, se requiere de los administradores, que cada uno sea hallado fiel».

Un administrador es alguien que maneja los asuntos de otro. El éxito de un administrador lo determina si ha sido fiel o no, digno de confianza y honesto al cumplir su asignación. Así que, ¿cómo determina Dios si le hemos sido fieles?

Pablo responde a esta pregunta cuando escribe: «Ahora bien, se requiere de los administradores, que cada uno *sea hallado* fiel». La expresión «sea hallado» es la traducción de una palabra griega que describe un descubrimiento que se hace como resultado de la observación cuidadosa. Esto nos dice que Dios está observándonos con todo cuidado para ver nuestras acciones y reacciones. Está observando cómo tratamos a las personas, cómo respondemos a la presión, y si tenemos o no la tenacidad de permanecer en la senda correcta cuando las distracciones tratan de descarriar nuestra obediencia.

La integridad significa mantener una conducta digna de confianza en un período largo de tiempo. Los fieles han demostrado que se puede confiar en ellos por mucho tiempo. Uno no tiene que vigilarlos. No tiene que preocuparse de que, aun cuando hayan hecho un buen trabajo la semana pasada, a lo mejor le fallan esta semana. No, los fieles muestran que son confiables rutinariamente en toda clase de caminos y en todo tipo de circunstancias. La fidelidad forma parte del carácter de alguien en quien uno sabe que puede confiar todo el tiempo.[17]

Os Guinness se crió en China, un país que había sido asolado por dos siglos de incursiones extranjeras, la Segunda Guerra Mundial y una guerra civil brutal. Vivía con sus padres en Nanjing, la capital de la nación en ese entonces. La ciudad tenía pocas escuelas buenas en inglés, así que a los cinco años de edad fue enviado en un avión a un internado en Shanghái. Él escribe:

Obviamente, las condiciones tras la decisión de enviarme lejos a esa edad fueron extremas, y yo no resulté el único que fue puesto tan pequeño en ese sendero. Sin embargo, era la primera vez en mi vida que había estado lejos de mis padres y por cuenta propia. Así que, para darme un constante recordatorio de la estrella polar de la fe en el centro de nuestra vida familiar, mi padre había buscado dos piedras pequeñas, lisas, planas, y había escrito en ellas el lema de su vida y el de la de mi madre. Por muchos años esas dos piedritas fueron recordatorios tangibles en los bolsillos de mis pantalones cortos de franela gris, que eran el uniforme de la mayoría de los escolares en las escuelas inglesas de esos días. En el bolsillo derecho estaba el lema de mi padre: «Hallado fiel», y en el de la izquierda el de mi madre: «Agradarle».

Muchos años han pasado desde entonces, y las dos piedritas pintadas se perdieron en el caos de escapar de China cuando Mao Tse Tung y el Ejército del Pueblo a la larga dominaron Nanjing, convirtiendo a Pekín en la capital y empezando su gobierno de hierro y sanguinario sobre todo el país. Sin embargo, yo nunca he olvidado la lección de aquellas piedritas. Los seguidores de Jesús son llamados a siempre ser «hallados fieles» y «agradarle», en todas partes y a pesar de todos y de todo.[18]

Una de las declaraciones de integridad más poderosas en la Biblia se halla en el Antiguo Testamento, en el libro de Habacuc. Después de que el profeta había batallado con Dios sobre asuntos muy difíciles, llega a esta conclusión:

Aunque las higueras no florezcan y no haya uvas en las vides, aunque se pierda la cosecha de oliva y los campos queden vacíos y no den fruto, aunque los rebaños mueran en los campos y los establos estén vacíos, ¡aun así me alegraré en el Señor! ¡Me gozaré en el Dios de mi salvación! (Habacuc 3.17, 18, NTV)

SEA FIRME BAJO EL FUEGO

El libro de Daniel habla de tres jóvenes hebreos cautivos, Sadrac, Mesac y Abednego, que se negaron a postrarse ante el ídolo babilonio de oro. Fueron apresados y llevados ante el rey Nabucodonosor. Él les dio una contundente alternativa: postrarse ante la imagen o ser quemados vivos en un horno calentado hasta lo sumo. Ellos replicaron: «Nuestro Dios nos librará del horno de fuego. Pero aunque no lo haga, no serviremos a tus dioses ni adoraremos tu imagen de oro» (Daniel 3.17, 18, paráfrasis del autor). Los tres jóvenes se negaron a doblegarse, incluso enfrentando la muerte. Para ellos su integridad ante Dios era más valiosa que su vida en la tierra. Debido a su fidelidad, Dios los preservó de todo daño cuando fueron arrojados al fuego.

El libro de Hebreos habla de héroes consagrados que pagaron un precio por su fidelidad. Algunos sufrieron burlas, fueron flagelados y encadenados en prisiones. Otros fueron apedreados, aserrados en dos y murieron por la espada. Otros más vagaron por desiertos y montañas, destituidos, afligidos, atormentados y obligados a vestirse con pieles de animales. Algunos de estos héroes fueron vindicados en vida, pero no todos. Muchos murieron como mártires por su fe. El escritor nos dice que Dios proveyó algo mejor para ellos, la recompensa celestial que Él les promete a todos los que permanecen fieles a pesar de los obstáculos que se les presentan por delante.

Cuando Helen Keller tenía solo diecinueve meses de edad, contrajo una fiebre que la dejó sorda y ciega. Con la ayuda de Anne Sullivan, su amada maestra, Helen aprendió a leer y escribir, llegando a ser la primera persona sorda y ciega que se comunicaba efectivamente con el mundo que ve y oye. Eso la hizo famosa mundialmente a los ocho años. Helen asistió a la secundaria y se graduó de la Universidad Radcliffe.

A esas alturas, ya querida y respetada por el mundo, podría haber tenido una vida tranquila, en calma. En lugar de eso, hizo un compromiso: ayudar a los sordos y ciegos de todas las maneras en que pudiera.

Y lo hizo. Se presentó ante legislaturas estatales y nacionales, y en foros internacionales. Visitó treinta y nueve países en los cinco continentes. Publicó catorce libros y numerosos artículos. Habló de las necesidades y asuntos que afectaban a los sordos y ciegos. Ganó numerosos galardones, conoció a cada presidente desde Coolidge a Kennedy, y Winston Churchill la llamó «la mujer más grande de nuestra época».

¡Piense en las probabilidades que enfrentó para lograr sus metas! Para muchos de nosotros que tenemos vista y oído, habría sido suficiente con graduarnos de la universidad, más que suficiente con viajar por el mundo, y fuera de toda imaginación conocer a presidentes. Y, sin embargo, contra probabilidades insuperables, Helen Keller cumplió su compromiso. Conocida como una mujer de integridad, miró más allá de los obstáculos y mejoró la vida de los sordos y los ciegos de todo el mundo.[19]

Vivir una vida de integridad exige fortaleza. Como mi amigo Pat Williams escribe:

Las personas de integridad no abandonan sus valores y principios bajo presión. Saben que en las ocasiones de adversidad y tentación es precisamente cuando los valores y principios importan más. Cumplen sus promesas. Cumplen sus obligaciones. Mantienen su honor incluso cuando es costoso hacerlo.[20]

RÍNDALE CUENTAS A ALGUIEN

«Ámense unos a otros». «Instrúyanse unos a otros». «Sean pacientes unos con otros». «Anímense unos a otros». «Confiésense sus pecados unos a otros». Hay más de cuarenta pasajes «unos a otros» en el Nuevo Testamento que nos dicen que no hay cosa tal como un cristiano que sea un llanero solitario. Nos relacionamos personalmente unos con otros, y somos responsables tanto de dar como de recibir instrucciones mutuamente en el cuerpo de Cristo.

El autor del libro de Hebreos escribe: «Y considerémonos unos a otros para estimularnos al amor y a las buenas obras [...] exhortándonos» (Hebreos 10.24, 25).

Aquí el escritor dice que debemos «estimularnos unos a otros al amor y a las buenas obras». La palabra que él usa y que se traduce «estimularnos» significa «enervar, provocar, irritar o exasperar».

A veces la integridad necesita ser «provocada» o «despertada» en nosotros por los que nos rodean. Bill Hybells contó esto en cuanto a sí mismo en la revista *Christianity Today*.

Una noche me detuve en la iglesia simplemente a fin de animar a los que estaban allí ensayando para la presentación musical de primavera. No tenía la intención de quedarme mucho tiempo, así que estacioné el auto cerca de la entrada. Después de pocos minutos, volví enseguida al auto y me fui a casa.

A la mañana siguiente, hallé una nota en mi buzón de la oficina. Decía: «Es algo sin importancia, pero el martes por la noche cuando usted vino al ensayo, se estacionó en el área que dice "No estacionar". La reacción de uno de mi grupo (que no lo reconoció sino hasta después de que usted se bajó del coche) fue: "Allí está otro mentecato estacionándose en el área de 'No estacionar'". Hacemos todo nuestro esfuerzo para no permitir que las personas, incluso los trabajadores, se estacionen en cualquier parte que no sea los lotes de estacionamiento. Apreciaría su cooperación también». Estaba firmada por un miembro de nuestro personal de mantenimiento.

Lamento informar que este miembro del personal ya no está con nosotros. Se atrasó al volver del almuerzo al día siguiente, y tuvimos que despedirlo. Uno tiene que trazar la línea en alguna parte [...]

No es cierto, estoy bromeando. En realidad, él sigue con nosotros y su reputación se hizo mayor para mí, porque tuvo la valentía de escribirme acerca de lo que podía haber sido un desliz en mi carácter. Y él tenía toda la razón. Al conducir y llegar aquella noche, yo había pensado que no debía estacionarme allí, pero después de todo, soy el pastor. Eso se traduce: soy la excepción para las reglas. Sin embargo, aquel empleado no iba a permitirme que me deslizara subrepticiamente por el camino rotulado «Yo soy la excepción».

No soy la excepción para las reglas de la iglesia, ni tampoco soy la excepción para las reglas sexuales, las reglas financieras, o alguna de las reglas de Dios. Como líder, no soy la excepción; debo ser el ejemplo. Según las Escrituras, debo vivir de tal manera que pueda decir: «Síganme. Estaciónense donde yo me estaciono. Vivan como yo vivo».

Por eso es que todos necesitamos personas como aquel miembro del personal que nos pidan cuentas incluso en los asuntos pequeños. Porque cuando mantenemos bajo control los asuntos menores, no tropezamos en los mayores.

Justo cuando estaba empezando a pensar que soy la excepción, alguien de nuestro personal se interesó lo suficiente para decir: «No lo hagas, Bill, ni siquiera en un asunto pequeño». Eso es amor.[21]

EL MAYOR ELOGIO

Hace años leí acerca de un grupo de vendedores que salían de una convención en Chicago y estaban atrasados para llegar al aeropuerto O'Hare a fin de volver a casa. Mientras se apresuraban a llegar a la terminal, oyeron la última llamada para su vuelo. Empezaron a correr por el atiborrado aeropuerto, esquivando y serpenteando por entre la multitud, arrastrando sus maletas con ruedas detrás. Dos de los hombres se estrellaron contra una mesa sobre la que había un montón de hermosas canastas de regalo de manzanas y la volcaron. Las manzanas rebotaron y rodaron por todas partes, pero los hombres siguieron corriendo. Llegaron a su puerta justo cuando estaba cerrándose y se las arreglaron para abordar el avión.

Todos, excepto un hombre. Él se detuvo y les dijo a sus compañeros que siguieran; tomaría un vuelo más tarde. Molesto por la conciencia, volvió y halló al muchacho que atendía la mesa de las manzanas de rodillas, y con lágrimas en los ojos, tratando de recoger las manzanas y canastas regadas.

El vendedor se puso de rodillas junto al muchacho, reunió las manzanas y las canastas, y lo ayudó a arreglar de nuevo la exhibición. Algunas de las canastas estaban dañadas, muchas manzanas se habían aporreado, y unas pocas faltaban. Él abrió su billetera y colocó tres billetes grandes en la mano del muchacho. «Aquí tienes, toma esto», dijo. «Eso cubrirá más que el costo del daño. Lamento mucho que te hayamos arruinado el día. ¿Estás bien ahora?».

El muchacho asintió agradeciéndole entre lágrimas, y el vendedor se volvió para dirigirse al mostrador a fin de buscar un nuevo vuelo a casa. No se había alejado mucho cuando el muchacho lo llamó: «Señor...». Al detenerse y darse la vuelta, el muchacho le dijo: «¿Es usted Jesús?».[22]

Nadie podría recibir un mejor elogio que lo confundieran con Jesús. Esto le sucedió a ese hombre porque él se permitió ser hecho conforme «a la imagen de su Hijo» (Romanos 8.29). Ese es el llamado dado a todo cristiano, y cuando respondemos al mismo, llegamos a ser fieles a la voluntad de Dios y reflejamos su carácter. Eso es lo que significa ser una persona de integridad.

Los justos caminan con integridad; benditos
son los hijos que siguen sus pasos.

—Proverbios 20.7, ntv

CAPÍTULO 8

UNA VIDA DE HUMILDAD

El orgullo siempre tiene hambre y siempre hay que
alimentarlo. La humildad se sostiene a sí misma.

En Detroit, en la década de 1930, tres jóvenes se subieron a un autobús e intentaron buscar pelea con un pasajero que estaba sentado solo en la última banca. Le lanzaron insulto tras insulto, pero el hombre no dijo nada en respuesta. A la larga el autobús llegó a la parada en que debía bajarse. El hombre se levantó, sacó una tarjeta personal de su bolsillo, y se la entregó a uno de los jóvenes antes de apearse del autobús y seguir su camino. Decía: Joe Louis. Boxeador.

Los tres muchachos habían tratado de buscar pelea con el futuro campeón mundial de boxeo de peso pesado, título que Joe Louis mantuvo desde 1937 hasta 1949. Él podía fácilmente haberles dado a aquellos jóvenes la pelea que querían, y nadie le hubiera echado la culpa. Sin embargo, se contuvo, y los tres jóvenes tuvieron la suerte de ver con sus propios ojos lo que es la humildad: poder bajo control.[1]

Ese día en el autobús, Joe Louis demostró una virtud que por lo común se entiende mal y rara vez se busca. En realidad, la humildad es tan malentendida que a menudo se le confunde con rasgos que son negativos, o con debilidades incapacitantes. Tomemos un momento para aclarar las dos equivocaciones más comunes en cuanto a esta impresionante virtud.

Primero, no confunda la humildad con una falta de confianza o dignidad propia; eso no es humildad, sino baja autoestima.

De acuerdo a Pat Williams, primer vicepresidente del equipo profesional de baloncesto Orlando Magic: «Una persona humillada se siente débil y esclavizada; la persona humilde se siente fuerte al servir a otros. Una persona humillada se siente desvalida y sin esperanza; la persona humilde se siente útil y esperanzada. La persona humillada se siente impotente y deshonrada; la persona humilde se siente fortalecida y dignificada. La humillación derriba; la humildad edifica. La humillación es una tragedia; la humildad es una decisión».[2]

Una segunda equivocación común es equiparar la humildad con el excesivo desprecio a uno mismo. Usted conoce a esta persona, aquella que siempre se las arregla para recordarle lo humilde que es, que destaca meticulosamente cómo se sacrifica por otros, que a propósito se denigra para manipularlo a fin de que usted la elogie. Eso no es humildad; eso es complejo de mártir.

Nadie nace humilde. Llegar a ser humilde requiere esfuerzo, un esfuerzo que es recompensado más allá de toda medida. Por eso la Biblia nos dice que busquemos la humildad:

- «Humillaos delante del Señor, y él os exaltará» (Santiago 4.10).
- «Humillaos, pues, bajo la poderosa mano de Dios, para que él os exalte cuando fuere tiempo» (1 Pedro 5.6).

Y si se nos dice que la busquemos, entonces podemos hallarla y aprender a exhibirla. Consuélese con esto, porque la humildad es verdaderamente una virtud retadora. Con eso en mente, el próximo paso hacia la humildad es entender qué es lo que buscamos.

¿QUÉ ES LA HUMILDAD?

Tal vez mi definición favorita de humildad es esta: la humildad es la capacidad de usar para el bien de otros el poder y los recursos que poseemos.

La persona humilde valora a otros, percibiendo valor en los demás aunque ellos mismos tal vez no lo noten. Ve oportunidades de servir a otros y lo hace de manera natural y con facilidad, por amor a Dios, al servicio y a los que se benefician de sus acciones. Puede tener mucho éxito en su trabajo, pero aun así se ve a sí mismo como servidor de todos.

Los humildes establecen y logran metas personales, y esperan el respeto y el aprecio apropiados por su trabajo. No se dejan pisotear. No ansían reconocimiento, y su meta no es que los reconozcan por encima de otros.

Una vida de humildad empieza en la mente; comienza con cómo se percibe uno mismo. Eso significa que es una decisión que tomamos, un marco mental que escogemos. La humildad no es pensar menos de uno mismo, es pensar menos en uno mismo. Es tan simple (y desafiante) como hacer que la vida se trate menos de «mí» y más en cuanto a otros.

En nuestros días de *selfies*, autopromoción y edificación de personas minuciosamente creadas en los medios sociales, la verdadera humildad es una cualidad rara. No obstante, permítame dejar algo bien en claro: siempre lo ha sido.

En toda la historia el orgullo a menudo ha sido la «virtud» del día. Mientras tanto, en toda la Biblia y en los escritos de los hombres y mujeres sabios de otras religiones, el orgullo se entiende como un vicio. En realidad, el orgullo es el vicio primario que conduce a todas las otras clases de vicios.

La mayoría de las personas están familiarizadas con el proverbio: «Antes del quebrantamiento es la soberbia, y antes de la caída la altivez de espíritu» (Proverbios 16.18). Uno de mis profesores favoritos en el seminario fue el legendario Howard Hendricks. Una vez me dijo que tenía una libreta donde anotaba los nombres de los antiguos estudiantes que, bien sea habían abandonado la fe, o habían caído en el pecado. Trataba de entender si había algún rasgo común entre ellos que pudiera explicar su fracaso. Nunca olvidaré lo que dijo que había percibido finalmente: «Todos, excepto uno de ellos, eran orgullosos y arrogantes».

Si el orgullo es una cualidad tan negativa, ¿por qué hemos pasado varias de las últimas décadas transformándola de vicio en virtud?

Mohamed Ali una vez bromeó: «En casa soy un tipo agradable, pero no quiero que el mundo lo sepa. Los humildes, según he descubierto, no llegan muy lejos».[3]

Tal vez usted haya visto eso en su propia vida, o en la vida de amigos o colegas. Si no les recalca a otros sus éxitos, tal vez lo pasen por alto para las promociones, o la gente no lo aprecie como es debido. De todas maneras, ¿qué tiene de malo sentir un poco de orgullo por su trabajo y sus logros? ¿Qué tiene de malo ser reconocido y elogiado?

Nada. No hay nada de malo en que se nos reconozca por nuestros logros. Es cuando el reconocimiento se vuelve nuestro motivo que nos ponemos en riesgo. Cuando sentimos alegría por un trabajo bien hecho *solo* si se nota y se nos elogia, entonces no estamos haciendo nuestro mejor esfuerzo por el bien del trabajo; estamos haciéndolo debido al elogio que esperamos recibir. No estamos tratando de beneficiar a otros con nuestro esfuerzo; estamos tratando de beneficiarnos nosotros mismos. No estamos glorificando a Dios con nuestras vidas; estamos simplemente acariciando nuestro propio ego.

Esa clase de enfoque en uno mismo le roba la gloria a Dios y nos quita nuestro gozo. Cuando empezamos a necesitar elogio y atención por todo lo que hacemos, nuestra felicidad depende por completo de que otros lo noten y nos lisonjeen. Y cuando eso no sucede, nos sentimos desilusionados, indignos, amargados e incluso coléricos.

En contraste, el humilde no depende de que otros noten sus esfuerzos. Su felicidad no está ligada a lo que otros piensen de su persona. La humildad elimina la ansiedad que surge de la necesidad constante de lograr mayor reconocimiento, posición y poder. Quita el enfoque de nosotros y lo pone donde debe estar: en Dios y los demás.

Tome nota: la ansiedad que acompaña al orgullo es muy real. Puesto que el orgullo siempre requiere más —más reconocimiento, más posición, más poder— nunca podemos estar en paz con nuestra vida, y hay escaso espacio, energía o deseo genuino de halagar a otros. La ansiedad que acompaña al orgullo es agotadora espiritualmente.

Sin embargo, la humildad nos quita todo eso. Usamos los talentos dados por Dios para servir, cumplir las responsabilidades, disfrutar de lo que importa, desafiarnos a nosotros mismos a crecer. Vemos valor en otros y nos regocijamos al fortalecerlos con un buen propósito. Nos alimentamos espiritualmente al mantener nuestros ojos y corazones en Dios y los otros.

En resumen, el orgullo siempre tiene hambre y siempre hay que alimentarlo. La humildad se sostiene a sí misma.

EL MAYOR EJEMPLO

El mayor ejemplo de humildad en toda la historia es el Señor Jesucristo.

«La primera imagen que tenemos de Jesús es que nació en un establo, rodeado de ganado. La escena anuncia humildad, privación, vulnerabilidad, debilidad, exposición. La última imagen que tenemos de Jesús al terminar su vida terrenal es un cuerpo destrozado que cuelga de una cruz. La escena comunica humillación, sufrimiento, fracaso y, para muchos, derrota. Ni la escena inicial de la vida de Jesús ni la final sugieren otra cosa que servicio humilde».[4] Y cuando Jesús dijo: «Soy manso y humilde de corazón» (Mateo 11.29), nos dio el secreto de su vida.

Hay solo dos lugares en las Escrituras donde explícitamente se menciona que nuestro Señor nos dejó un ejemplo a seguir, y uno de ellos fue un ejemplo de humildad sin paralelo.

El día antes de que fuera crucificado, Jesús y sus discípulos se reunieron en una casa para celebrar la cena pascual. Al terminar la comida, los discípulos empezaron a discutir entre sí acerca de quién de ellos era el más grande. ¡Después de pasar tres años con el más grande modelo de humildad, estaban jactándose y comparando egos!

Mientras sus seguidores discutían, Jesús se levantó de la mesa y cruzó el salón para tomar una palangana de agua. Sin decir una palabra, se quitó su túnica externa. Tomando una toalla, se la colocó en la cintura y la anudó a la espalda. Los discípulos sabían lo que eso significaba. Lo habían visto muchas veces antes cuando el esclavo de la casa les lavaba los pies polvorientos al entrar a una residencia.

Entonces Jesús echó agua en la palangana y se dirigió al discípulo que estaba más cerca. Podemos imaginarnos el perplejo silencio que cayó sobre los discípulos. En esa atmósfera de aturdimiento, Jesús se arrodilló y empezó a lavarle los pies a ese discípulo. Al pasar de hombre a hombre, la nítida toalla blanca se vuelve marrón. Dos de aquellos cuyos pies Jesús lavó ese día fueron Pedro, que luego le negaría tres veces, y Judas, que lo traicionaría, ambos en cuestión de horas.[5]

La pureza de este acto de humildad aumenta más por el hecho de que Jesús lo realizó estando vívidamente consciente de su origen y naturaleza divinos. Él sabía que vino de la presencia de Dios y que estaba a punto de volver a la presencia de Dios. Y sin embargo, sabiendo esto, se levantó y realizó la más baja de las tareas.

Este es el Hijo del Altísimo descendiendo a lo más bajo.

Cuando terminó con esta humilde tarea, Jesús les dijo a los discípulos: «¿Sabéis lo que os he hecho? Vosotros me llamáis Maestro, y Señor; y decís bien, porque lo soy. Pues si yo, el Señor y el Maestro, he lavado vuestros pies, vosotros también debéis lavaros los pies los unos a los otros. Porque ejemplo os he dado, para que como yo os he hecho, vosotros también hagáis» (Juan 13.12–15).

Si estamos buscando un ejemplo de humildad sin paralelo, acabamos de hallarlo.

Cuando leemos los relatos de la humildad de nuestro Señor, parece como si esta virtud estuviera fuera de nuestro alcance. No obstante, esta calidad de vida más que maravillosa está disponible para usted si sigue los pasos que se le indican en la Biblia.

RECONOZCA SU ORGULLO

De todos los pecados contra los cuales la Biblia continuamente advierte, el orgullo o la soberbia es para nosotros uno de los más difíciles de reconocer. Podemos verlo en otros con facilidad, aun cuando no podamos percibirlo en nosotros mismos.

Hace varios años tomé nota de la ingeniosidad de un hombre que escribió un libro con este título: *Los diez hombres más humildes del mundo y cómo seleccioné a los otros nueve.*

El pastor de la iglesia Moody de Chicago de 1829 a 1948, H. A. Ironside, sentía que no era tan humilde como debería ser. Así que le preguntó a un antiguo amigo qué podía hacer al respecto. Su amigo le respondió: «Hazte un cartel que te cubra el pecho y la espalda con el plan de salvación empleando las Escrituras, y camina por los sectores de los negocios y almacenes en el centro de Chicago por todo un día».

Ironside siguió el consejo de su amigo. Después de terminar esa humillante experiencia, volvió a casa. Al quitarse el cartel, se sorprendió pensando para sus adentros: *No hay ninguna otra persona en Chicago que estaría dispuesta a hacer eso.*[6]

Ese es el problema. Tan pronto como pensamos que finalmente hemos llegado a ser humildes, si en verdad así ha sido, simplemente al reconocer que lo hemos logrado, somos orgullosos. Podemos evitar esta trampa recordando que la humildad es una jornada, una jornada de devoción. No es algo que uno alcanza; es algo a lo que uno aspira, algo que uno abraza como meta.

En su libro *Life-Changing Love* [Amor que transforma la vida], el escritor John Ortberg relata esto:

No hace mucho hubo un jefe ejecutivo de una compañía Fortune 500 que se detuvo en una gasolinera a fin de comprar combustible. Entró para pagar, y cuando salió notó que su esposa sostenía una animada conversación con el empleado de servicio. Resultó que ella lo conocía. Ciertamente, en el colegio, antes de que conociera al que ahora era su esposo, ella había salido con aquel hombre.

El jefe ejecutivo se subió a su coche y los dos guardaron silencio al alejarse. Él se sentía bastante satisfecho de sí mismo cuando finalmente dijo: «Apuesto a que sé lo que estabas pensando. Apuesto a que estabas pensando que te alegras de haberte casado conmigo, un jefe ejecutivo de una empresa de Fortune 500, y no con él, un empleado de una gasolinera».

«No, estaba pensando que si yo me hubiera casado con él, sería el jefe ejecutivo de la compañía Fortune 500, y tú serías el empleado de la gasolinera».[7]

¡Ay! Eso duele, pero ser sinceros con nosotros mismos en cuanto a nuestra propia importancia es un primer paso vital. La senda a la asombrosa vida de humildad empieza en la mente. Empieza cuando podemos honradamente admitir que tenemos un problema con el orgullo.

El apóstol Pablo escribió: «Digo, pues, por la gracia que me es dada, a cada cual que está entre vosotros, que no tenga más alto concepto de sí que el que debe tener» (Romanos 12.3).

Luego pasó a exponer cómo los cristianos en Roma valoraban algunos dones y bendiciones de Dios por sobre otros y se llenaban de orgullo como resultado de obtener esos dones. Y, en verdad, es cuando las cosas marchan bien y estamos experimentando éxitos y bendiciones que nos vemos tentados a deslizarnos de la humildad al orgullo, como si nosotros fuéramos la fuente de esas bendiciones. Es durante esas ocasiones que necesitamos a otros para que nos ayuden a mantenernos con los pies en la tierra, como lo hizo con su marido la esposa de aquel gerente en jefe.

¿Cómo damos un paso similar en nuestras propias vidas? ¿En quién en su familia o círculo de amigos puede usted confiar para que lo mantenga con los pies en la tierra cuando se ve tentado a sentir orgullo?

EMPIECE A SERVIR

La única manera más poderosa de crecer en humildad es empezar a servir calladamente. El concepto de servir se halla más de trescientas veces en la Biblia. Jesús dijo: «Yo estoy entre vosotros como el que sirve» (Lucas 22.27).

Cuando empezamos a servir, apartamos nuestros ojos de nosotros mismos y empezamos a ver las cosas a través de los ojos de otros.

Jesús dijo: «Mas entre vosotros no será así, sino que el que quiera hacerse grande entre vosotros será vuestro servidor, y el que quiera ser el primero entre vosotros será vuestro siervo [...] El que es el mayor de vosotros, sea vuestro siervo» (Mateo 20.26, 27; 23.11).

De 1984 a 1986, Peggy Noonan fue la escritora de discursos de la Casa Blanca para el presidente Ronald Reagan. En su libro *When Character Was King* [Cuando el carácter era rey] relata esta historia:

> Pocos días después de que los disparos hirieron al presidente Reagan, cuando fue lo suficiente capaz de levantarse de la cama, no se sentía bien, así que se dirigió al baño de su habitación. Al echarse un poco de agua en la cara, algo de esta salpicó fuera del lavamanos. Buscó toallas de papel y se agachó al piso para limpiarlo. Un ayudante entró a fin de ver cómo estaba, y halló al presidente de Estados Unidos a gatas sobre el frío piso de baldosas, limpiando el agua con toallas de papel. «Señor presidente», dijo el ayudante, «¿qué está haciendo? ¡Deje que la enfermera limpié eso!». Y él contestó: «Ah, no. Yo hice la trastada, y detestaría que la enfermera tuviera que limpiarla».[8]

Una vez que uno desarrolla una noción realista de su propia importancia, empieza a darse cuenta de que toda otra persona en la tierra es tan preciosa para Dios como uno lo es, e igualmente muy merecedora del amor puesto en acción.

Este principio se expresa en las Escrituras. «Nada hagáis por contienda o por vanagloria; antes bien con humildad, estimando cada uno a los demás como superiores a él mismo; no mirando cada uno por lo suyo propio, sino cada cual también por lo de los otros» (Filipenses 2.3, 4).

William Barclay creía que servir a otros era uno de los principios más prácticamente útiles de toda la Biblia:

Todo problema económico se resolvería si los hombres vivieran para lo que pudieran hacer por otros y no para lo que pudieran conseguir para sí mismos. Todo problema político se resolvería si la ambición de los hombres fuera solo servir a otros y no simplemente aumentar su propio prestigio. Las divisiones y disputas que destrozan a la iglesia en su mayor parte jamás ocurrirían si el único deseo de la iglesia fuera servir a la iglesia, y no importara en qué posición siempre y cuando se rindiera un servicio. Cuando Jesús habló de la suprema grandeza y el valor del hombre cuya ambición era ser un servidor, expuso una de las verdades prácticas más grandes del mundo.[9]

MANTÉNGASE ESCUCHANDO Y APRENDIENDO

La Biblia repetidas veces nos advierte en contra de ser sabios a nuestros propios ojos. ¿Por qué es eso tan importante? Porque cuando decidimos que somos sabios, dejamos de escuchar, dejamos de hacer preguntas, dejamos de tratar de aprender. Cuando pensamos que «ya lo sabemos todo», es cuando la arrogancia y el orgullo se apoderan de nuestra vida.

A Pablo Casals se le considera uno de los más grandes violonchelistas que hayan vivido. Él tocó para la reina Victoria cuando tenía veintidós años. ¡También tocó para el presidente Kennedy cuando tenía ochenta y seis años! Incuestionablemente, fue un maestro de su instrumento; sin embargo, a la edad de noventa y seis años todavía practicaba por lo menos tres horas al día. Cuando le preguntaron por qué, dijo: «Estoy empezando a notar alguna mejora».[10]

Casals logró cosas grandes y asombrosas, pero nunca dejó de aprender, practicar y tratar de mejorar.

Pat Williams aplica este punto importante al liderazgo cuando escribe: «Los líderes humildes siempre están aprendiendo. No dan por sentado que tienen todas las respuestas. Son humildemente curiosos. Siempre están leyendo. Escuchan las ideas de los que los rodean, incluyendo a sus subordinados. Alientan las nociones frescas de las personas a todo nivel, desde los miembros de la junta hasta los barrenderos».[11]

A Katherine Graham, por largo tiempo editora del *Washington Post*, una vez le preguntaron cuál consideraba que era el rasgo más importante de los grandes líderes del mundo a los que había conocido. Ella respondió sin titubear: «La ausencia de arrogancia».[12]

PASE TIEMPO CON PERSONAS COMUNES

El apóstol Pablo escribió: «No sean orgullosos, sino pónganse al nivel de los humildes» (Romanos 12.16, DHH).

Pocas clases de orgullo son peores que la petulancia. Los petulantes se obsesionan con los asuntos de estatus, con la estratificación de la sociedad en las clases "más alta" y "más baja", o su división en distinciones de tribu y casta [...] Se olvidan de que Jesús fraternizó libre y naturalmente con los parias sociales, y llamó a sus seguidores a hacer lo mismo con igual libertad y naturalidad.[13]

Estas son las palabras de John Stott, erudito, maestro y pastor de la gran iglesia All Souls [Todas las almas] de Londres. Stott tenía toda razón terrenal para ser orgulloso. Era famoso no solo en el Reino Unido donde vivía, sino en todo el mundo. Sin embargo, Tim Chester, ahora pastor, relata este episodio de su encuentro con Stott en una conferencia en el norte de Inglaterra, donde Stott era el conferencista principal y Chester apenas tenía diecinueve años.

Cuando llegamos a la conferencia, el amigo con quien había ido se alejó y yo me quedé solo, sintiéndome incómodo. Un hombre mayor se acercó y empezó a conversar conmigo, haciéndome preguntas acerca de mí. Después de unos instantes mi amigo volvió y el hombre se presentó: «Hola, soy John Stott». Mi boca se abrió casi hasta el piso. Yo había estado hablando con el gran John Stott sin darme cuenta. Ese momento me causó una gran impresión. John, que era el único conferencista ese día, había visto a un adolescente que parecía incómodo estando solo y tuvo la idea de hacerlo sentir bienvenido. Me encontré con él unas pocas veces después de eso y siempre recordaba mi nombre. El John Stott privado era tan impresionante como su imagen pública: lleno de gracia, humilde, sin afectación. Estoy seguro de que fue esta humildad lo que hizo que Dios pudiera confiarle la influencia y el éxito que recibió. Es difícil subestimar el impacto que él ha causado por todo el mundo.[14]

Vivimos en una cultura que convierte en ídolos a las personas que lo logran en grande. No nos interesa lo ordinario. ¡Queremos lo extraordinario! No queremos ser humildes. ¡Queremos ser exaltados!

Las palabras de Stott en cuanto a la petulancia y su ejemplo de humildad deberían motivarnos para hacernos a nosotros mismos unas cuantas preguntas serias. ¿Estoy obsesionado o ansioso por mi estatus social? ¿Clasifico a las personas por su riqueza, posesiones, influencia o empleo? ¿Me he rodeado solo de personas que pienso que pueden ayudarme a escalar en lo que respecta a la sociedad, la riqueza, la carrera o la apariencia?

DEJE DE TOMARSE TAN EN SERIO

Parece algo contrario a la lógica que la humildad deba producir gozo y que el orgullo deba robarlo, pero ese es innegablemente el caso. Cuando uno es humilde, dedicando la energía mental a otros en lugar de a uno mismo, encuentra divertidas cosas que su anterior yo hallaría intolerables. ¡Más notablemente, puede reírse de sí mismo! Los orgullosos, consumidos por su propia importancia, tienen que pulir de forma constantemente su propia imagen y persona. No pueden reírse de sí mismos.

Considere al antiguo presidente George W. Bush quien, como muchos presidentes, soportó años de burlas de parte de los comediantes que se presentan a altas horas de la noche. Se le criticó por muchas cosas, pero especialmente por su capacidad singular de masacrar el inglés. En marzo del año 2017, Bush apareció en el programa *Jimmy Kimmel Live*. En el curso de la entrevista, Kimmel le preguntó si las muchas imitaciones nada halagadoras de él lo molestaban, y Bush replicó que no.

«No», respondió Bush. «Me encanta el humor, y el mejor humor es cuando uno se ríe de uno mismo».[15]

Cuando deja de preocuparse por lo que otros piensan de usted, ya no experimenta la ansiedad de tratar de ser tan rico, ingenioso o exitoso como la persona que está a su lado en el salón. Podrá dejar a un lado el sentimiento de superioridad si sus destrezas o posición en la vida lo hacen destacarse sobre la multitud. En lugar de compararse con otros, podrá disfrutar de ellos... y de usted mismo.

Hace varios años tenía que dar una conferencia en la parte sur de nuestro país y, como a menudo lo hago, decidí visitar la librería cristiana local. Parecía que no había nadie en la librería excepto una joven que se encontraba detrás del mostrador de la caja registradora. Al entrar al local, pude ver que la joven me estudiaba. En unos momentos se acercó a donde yo estaba y me preguntó: «¿Es usted el que pienso que es?».

Antes de que pudiera responderle, ella continuó emocionada: «Por favor, no se vaya. Vuelvo en un minuto».

Desapareció hacia otra habitación y cuando volvió venía acompañada de otra joven, la cual llevaba un montón de libros.

Se acercaron a mí sonriendo nerviosamente y me entregaron los libros, diciéndome: «¿Le importaría darnos su autógrafo?». Entonces me entregaron seis libros escritos por Josh McDowell. Yo retiré la vista para que ellas no pudieran ver mi sonrisa. Luego firmé «Josh McDowell» en los seis libros, les agradecí y salí de la librería. En mi corazón, oí una voz que decía: «Jeremiah, no eres gran cosa».

PASE TIEMPO CON LOS NIÑOS

Estoy convencido de que Dios creó a los niños para mantenernos humildes.

En el año 2016 me invitaron a participar en el servicio de oración que se realiza en la majestuosa Catedral Nacional en Washington, D.C. después de toda elección presidencial. El recién elegido presidente y su familia eran los invitados de honor, y estaban en la primera fila.

El evento se transmite por televisión internacionalmente. A todos los participantes se les exige que asistan a un ensayo muy complicado temprano en la mañana, durante el cual se da una rigurosa advertencia en cuanto a la importancia de seguir el libreto hasta el último detalle. Toda palabra de toda oración y todo pasaje bíblico que se debe leer está impreso en el libreto maestro, y nada se puede añadir ni sustraer. Nada se puede improvisar. ¡Nada en absoluto!

El director de la reunión explicó luego que la copia maestra del programa sería colocada sobre el atril, que estaba más alto que el público en una especie de púlpito circular. Cada participante debía voltear la página a fin de que el próximo participante tuviera su libreto listo para leer.

Cuando llegó mi turno para leer Romanos 5.1–8, subí por las gradas hasta el púlpito... ¡y allí me llené de pánico! No había libreto del programa. La persona que me precedió se había llevado el libro cuando terminó de leer su parte.

Ahora yo estaba de pie ante un mundo que contemplaba y, aunque sé que van a hallar difícil creerlo, yo no había memorizado Romanos 5.1–8. Me sentí como si toda mi vida desfilara ante mis ojos.

Felizmente, uno de mis amigos que debía seguirme al púlpito había llevado consigo un ejemplar del Nuevo Testamento y me lo entregó. Después de lo que parecía una eternidad de tropezar con las delgadas páginas de esa Biblia, hallé Romanos 5.1–8 y lo leí con tanta autoridad como mi voz temblorosa lo permitía.

Cuando la reunión se acabó, mi amigo Johnny Moore se me acercó y me dijo que mi pausa antes de leer la Biblia había resultado muy efectiva, y que añadió un sentido de gran dignidad y respeto por las Escrituras. ¡Cuando le conté lo que había sucedido en realidad, nos desternillamos de la risa!

Sin embargo, la respuesta más importante a ese momento inolvidable de mi vida provino de Zandy, mi nieta de doce años. Ella lo vio todo por televisión en California. Cuando la vi después de que regresé a casa, ella dijo: «Abuelo, para ser un predicador, con certeza te llevó largo tiempo hallar Romanos en tu Biblia». ¡Los niños lo mantienen a uno riéndose y humilde todo el tiempo!

NO PIERDA LA PERSPECTIVA

Mucho antes de que Teodoro Roosevelt llegara a ser el vigésimo sexto presidente de Estados Unidos, estaba fascinado por la creación de Dios. Le encantaba la grandiosidad del mundo natural. Durante su tiempo en el gobierno de 1901 a 1909, estableció varios parques y monumentos nacionales a fin de preservar esos lugares salvajes que todavía quedaban después de décadas de expansión de la industria y la agricultura por todo el continente.

Se dice que uno de los hábitos de Roosevelt cuando recibía invitados en la Casa Blanca era llevarlos a la parte posterior del césped cuando el día terminaba. Levantaba la vista al firmamento y les pedía a los invitados que hicieran lo mismo. Después de mirar a las innumerables estrellas esparcidas por toda la vasta negrura del espacio durante un par de minutos, decía: «Caballeros, pienso que ya somos lo suficiente pequeños ahora. Vámonos a la cama».

Después de un día de trabajo lleno de decisiones difíciles y situaciones estresantes, Teodoro Roosevelt, una gran personalidad si acaso alguna vez hubo una, miraba a las estrellas a fin de poner su propia importancia en perspectiva. La enormidad del universo le hacía sentirse pequeño... pequeño lo suficiente como para dormir bien por la noche. Él era el dirigente de una gran nación, tarea que traía consigo la responsabilidad de mantener seguros a los millones de ciudadanos que estaban a su cuidado y atender una provisión de recursos naturales que pocos otros países poseían. ¿Quién puede dormir con toda esa presión? En verdad, podemos ver por las fotos presidenciales cuán rápidamente el cargo envejece a los que lo asumen.

La Biblia nos habla de otro hombre que dirigió una gran nación y sentía profundamente la responsabilidad. David escribió sus pensamientos en el libro de la Biblia que llamamos Salmos: «Cuando veo tus cielos, obra de tus dedos, la luna y las estrellas que tú formaste, digo: ¿Qué es el hombre, para que tengas de él memoria, y el hijo del hombre, para que lo visites?» (Salmos 8.3, 4).

Comparado con la vastedad y las maravillas de los cielos, David se sentía humilde e insignificante. Sin embargo, no se detuvo allí, sino que añadió: «Le has hecho poco menor que los ángeles, y lo coronaste de gloria y de honra» (Salmos 8.5).

El salmista estableció la conexión entre el poder y la gloria de Dios y la gloria que le ha sido dada al hombre. ¡El mismo Dios que mantiene los planetas en sus órbitas y le dice al viento por donde soplar, y hace que la lluvia caiga y que el sol brille, lo ha coronado a usted de gloria y honor! Puede confiar en que si Él es lo suficiente poderoso como para crear, sustentar y ordenar el universo, también lo es para sustentarlo a usted. No tiene que hacerse a sí mismo más grande de lo que es. Usted no lleva el mundo en sus hombros. Dios lo lleva en los de Él. Y todavía tiene espacio para llevarlo a usted también.

La humildad es una de las virtudes más difíciles de cultivar en nuestro tiempo y lugar. No obstante, como todas las cualidades dignas de buscar, Dios no nos deja para que nos mejoremos nosotros mismos con nuestras propias fuerzas. Él nos da el poder por medio de su Espíritu Santo para crecer cada vez más a fin de llegar a ser las personas que Él tiene la intención que seamos. Cuando escogemos humillarnos nosotros mismos, nos colocamos en el torrente de la gracia de Dios. Y esta gracia es todo lo que necesitamos para florecer en la vida. ¡Mientras que usted mismo toma continuamente la decisión de humillarse, ¡espere que Dios oiga sus deseos, lo guíe, lo honre y reviva su espíritu!

Oh hombre, él te ha declarado lo que es bueno, y
qué pide Jehová de ti: solamente hacer justicia, y
amar misericordia, y humillarte ante tu Dios.

—Miqueas 6.8

CAPÍTULO 9

UNA VIDA DE DISCIPLINA

*Cuando uno tiene el viento de frente,
hay que mantener la cabeza baja y
pedalear con todas las fuerzas.*

En su exitoso libro *Outliers: The Story of Success* [Fuera de serie: La historia del éxito], el autor Malcolm Gladwell explica cómo las personas extraordinarias logran su éxito. Sus ejemplos incluyen los Beatles, Bill Gates, astros del hockey, pilotos exitosos y multimillonarios del Valle de la Silicona. Después de estudiar cómo alcanzaron el pináculo de sus profesiones, esto es lo que Gladwell aprendió: los triunfadores practican. Mucho. En realidad, él está convencido de que hay un número mágico de diez mil horas de práctica que hace que uno salga del montón y se destaque por sobre casi todos los demás.

Piense al respecto. Diez mil horas de práctica dedicada a mejorarse uno mismo. Suena abrumador, ¿verdad? ¿Quién se compromete a tal cosa?

¡Usted! Recuerde que se ha embarcado en una jornada hacia una nueva vida. Cada paso de esa jornada trae bendiciones, crecimiento personal y recompensas espirituales que se manifestarán en su vida y su corazón. Esta práctica no es una repetición tediosa, es estratégica. Tiene el objetivo de que usted viva la plenitud de la vida en Cristo, para la gloria de Dios.

Ahora piense en hacer eso por un año, un mes y tres semanas, que es lo que resulta en diez mil horas. De repente, diez mil horas no son nada, porque la jornada en la que se ha embarcado dura todo el resto de su vida.

En este capítulo consideramos el don final que Dios le ha dado para hacer esa jornada: dominio propio o disciplina personal. Estoy convencido de que la disciplina personal es lo «fuera de serie» que explica por qué algunos cristianos parecen remontarse a las alturas y otros a duras penas despegan del suelo.

¿Recuerda la práctica de la disciplina de Katie Ledecky, que la hizo campeona mundial de natación por años? ¿Recuerda la humilde convicción de Pablo Casals de que siempre podía mejorar mediante la disciplina personal de la práctica diaria, incluso estando en sus noventa? ¿Recuerda la incansable capacitación y el dominio propio que permitieron que el teniente Michael Murphy mostrara su amor por sus hombres sobreviviendo hasta que completó una llamada pidiendo ayuda?

La autodisciplina es el ingrediente secreto para lograr una vida más que maravillosa. Cada virtud en este libro requiere su compromiso para lograrlo. Ese compromiso se expresa mediante su deseo declarado en oración, pidiéndole al Espíritu Santo que lo ayude a lograrlo, y luego... (sí, usted ya sabe a estas alturas lo que viene luego) mediante sus propias acciones.

La disciplina personal —inspirada, sustentada y estimulada por la ayuda más grande de todas, el Espíritu Santo que mora en usted— es la motivación y la fuerza detrás de las acciones precisas que realiza para producir el fruto del Espíritu y disfrutar de una vida más que maravillosa.

En la descripción que Pablo da del fruto del Espíritu, coloca al «dominio propio» en último lugar. Esta disposición no es un error. «Al ocupar esta posición final, la disciplina personal asume un lugar de importancia estratégica [...] La disciplina personal es la suma de las ocho cualidades previas que el Espíritu produce. La obra del Espíritu alcanza su consumación en el dominio propio. Esta virtud nos capacita para llevar a cabo todo otro aspecto del fruto espiritual».[1]

Como todos los demás rasgos, este no siempre es fácil. Sin embargo, a partir de mi experiencia como pastor, de mi participación como viajero por igual en la misma jornada, y de mis estudios de los que han recorrido esta senda antes que nosotros, hay nociones que nos ayudarán a entender cómo cultivarlo en nuestras vidas.

No obstante, primero tengamos en claro una cosa importante. En este capítulo hablamos de desarrollar su dominio propio a fin de que usted pueda lograr una vida más que maravillosa. La jornada que usted lleva a cabo para alcanzar ese objetivo es suya, y será diferente a la de todos los demás. Cuando permite que el Espíritu Santo guíe su corazón a través de esta jornada, las oportunidades, alternativas y prioridades que Él le presenta son únicamente para usted.

Así que no caiga en la trampa de compararse con otros. No se desanime si parece que estas virtudes no se presentan de inmediato, o parece que no se expresan igual de bien en su vida que en la de alguna otra persona. En lugar de eso, sea amable consigo mismo, persevere, y apóyese en Dios cuando necesite respaldo.

¿QUÉ ES EL DOMINIO PROPIO?

El dominio propio es escoger hacer lo correcto cuando uno siente ganas de hacer lo que está mal. Es saber que uno puede hacer las cosas, pero decide no hacerlas. Es no comerse todas las palomitas de maíz antes de que empiece la película.

Mi descripción favorita de este rasgo del carácter es esta: «La capacidad de mantenerse en progreso hacia un objetivo aun cuando no se sienta con ganas, no tenga deseos de hacer el esfuerzo, no tenga el momento de disfrutar de alguna otra cosa, o halle completamente desagradable el trabajo hacia su objetivo».[2]

La palabra que el Nuevo Testamento usa para describir esta virtud está relacionada con nuestra palabra *gobierno*. Dicho de otra manera, la disciplina personal o el dominio propio es cuestión de gobernarse usted mismo. Es la capacidad de regular sus pensamientos, emociones y acciones de una manera santa. Es posponer la gratificación temporal e inmediata para lograr metas que usted sabe que traerán recompensas duraderas y un respeto mayor por sí mismo.

Este rasgo del carácter se extiende más allá de su conducta o de sus acciones; también tiene que ver con sus emociones y su pensamiento. En realidad, la Biblia nos dice que se extiende a todo aspecto de su existencia. Cuando usted lleve una vida con dominio propio, podrá hacer varias cosas:

- Dominar su temperamento. «Como ciudad derribada y sin muro es el hombre cuyo espíritu no tiene rienda» (Proverbios 25.28).
- Dominar su lengua. «El que guarda su boca guarda su alma; mas el que mucho abre sus labios tendrá calamidad» (Proverbios 13.3).

- Regular sus reacciones. «La cordura del hombre detiene su furor, y su honra es pasar por alto la ofensa» (Proverbios 19.11).
- Controlar su calendario. «Mirad, pues, con diligencia cómo andéis, no como necios sino como sabios, aprovechando bien el tiempo, porque los días son malos» (Efesios 5.15, 16).
- Administrar su dinero. «Tesoro precioso y aceite hay en la casa del sabio; mas el hombre insensato todo lo disipa» (Proverbios 21.20).
- Refrenar su cuerpo. «Que cada uno de ustedes sepa tener su propio cuerpo en santidad y honor» (1 Tesalonicenses 4.4, RVC).[3]

¡Esa es una descripción de una vida que vale la pena vivir, una vida que le permite evidenciar todos los demás rasgos, sabiendo que tiene un firme cimiento de fortaleza y dominio propio! Como todos los rasgos del carácter que hemos considerado hasta aquí, el dominio propio es más que algo que se espera que hagamos; es también algo que recibimos:

El verdadero dominio propio es una dádiva de arriba, producida en nosotros y a través de nosotros por medio del Espíritu Santo. Mientras no poseamos eso que se recibe de afuera de nosotros, en lugar de improvisarlo desde adentro, los esfuerzos que hacemos por controlarnos a nosotros mismos redundarán en nuestra alabanza más que en la de Dios.

Sin embargo, también necesitamos notar que el dominio propio no es un don que recibimos de forma pasiva, sino activa. Nosotros no somos la fuente, pero intervenimos íntimamente. Abrimos el regalo y lo vivimos. Recibir la gracia del dominio propio significa interiorizarla por completo y luego expresarla en el ejercicio real de la gracia.[4]

¿POR QUÉ EL DOMINIO PROPIO ES TAN IMPORTANTE?

Empecemos con el «porqué». Pedro nos recuerda que «todas las cosas que pertenecen a la vida y a la piedad nos han sido dadas» por Dios, incluyendo «preciosas y grandísimas promesas» (2 Pedro 1.3, 4).

Después de dar una lista de los asombrosos recursos espirituales que Dios nos ha concedido, Pedro no nos dice que podemos dejarnos llevar por la corriente al avanzar por la vida. Al contrario, los próximos versículos señalan: «Vosotros también, poniendo toda diligencia por esto mismo, añadid a vuestra fe virtud; a la virtud, conocimiento; al conocimiento, dominio propio; al dominio propio, paciencia; a la paciencia, piedad; a la piedad, afecto fraternal; y al afecto fraternal, amor» (vv. 5–7).

Lo que Pedro les decía a sus lectores es esto: «A ustedes les han sido dados grandes recursos; ahora salgan y hagan todo esfuerzo para desarrollar al pleno potencial todo lo que son y tienen en Cristo Jesús».

Jesús habló de la disciplina personal y del dominio propio con claridad absoluta: el dominio propio es la primera decisión que una persona tiene que tomar a fin de ser su discípulo. Él dijo que el discipulado empieza en el punto de la negación propia: «Si alguno quiere venir en pos de mí, niéguese a sí mismo [...] Porque todo el que quiera salvar su vida, la perderá; y todo el que pierda su vida por causa de mí y del evangelio, la salvará» (Marcos 8.34, 35).

Cada día tomamos cientos de decisiones en cuanto a la dirección de nuestras vidas. Cuando lo que *queremos* se alinea con lo que *debemos* hacer, estas decisiones son simples. ¡Esos son momentos maravillosos! Sin embargo, seamos francos, muchas veces sencillamente no nos sentimos con ganas de hacer lo que sabemos que es mejor para nosotros o para los demás. Y es allí donde la disciplina propia entra en acción y nos lleva a subir la cuesta.

Cristo quiere que superemos nuestra propia ambición, deseos malsanos, pequeñeces y maquinaciones a fin de que cosechemos la mayor recompensa de vivir totalmente para Él. De principio a fin la vida cristiana es asunto de aprender a gobernar la mente, las emociones y las acciones de acuerdo a la Palabra de Dios.

LA VERDAD ACERCA DE LAS PERSONAS CON DOMINIO PROPIO

Pienso que nosotros vemos de manera totalmente equivocada este rasgo del carácter. Nuestra cultura, que busca el placer e idolatra a las celebridades, nos ha instilado la idea de que el dominio propio no tiene nada de divertido, que es fastidioso, aburrido, tedioso, difícil y nos aísla. ¡Por supuesto que lo consideramos con gran vacilación!

No obstante, ¿qué tal si le digo que tal comprensión está totalmente equivocada?

Un artículo reciente escrito por Tara Schiller resumió la verdad de manera hermosa. He adaptado su artículo para incluirlo aquí, porque explica cómo la disciplina personal no es algo a lo que uno se resigna, sino una virtud que se puede abrazar con entusiasmo.

Así es como las personas que se disciplinan a sí mismas en realidad son:

1. SON MEJORES PARA EVITAR LA TENTACIÓN Y ESTÁN MÁS SATISFECHAS CON SUS VIDAS. De acuerdo a un estudio reciente, las personas que se disciplinan a sí mismas no se enfocan en las privaciones; se enfocan en hallar mejores

maneras de evadir la tentación.[5] La percepción es que el dominio propio es pura negación de uno mismo que mata toda la emoción y la diversión de la vida. Sin embargo, estadísticamente eso no es verdad. Cuando usted practica la disciplina, tiene más confianza en cuanto a quién es, aprende a evadir fácilmente los tropiezos, y logra más de lo que *realmente* quiere. Esto desarrolla una satisfacción profunda.

2. DISFRUTAN AL DOMINARSE A SÍ MISMOS. Hay emoción al dominarse a usted mismo. Esto edifica la creencia en su propia persona y le ofrece un entusiasmo duradero, lo cual lo motiva más a continuar presentándose el reto. No se trata de una vida aburrida y sin entusiasmo, sino más bien de un juego emocionante de conquistar sus demonios internos.

3. VIVEN MÁS PLENAMENTE EL MOMENTO. Trabajar para alcanzar una meta más grande quiere decir que usted tiene que enfocarse en las decisiones que toma al momento. Esto requiere que se percate más de lo que está sucediendo *justo ahora*. Así que usted experimenta la vida más plenamente, y reconoce cómo las personas y el medio ambiente con el que se rodea lo afectan. Como resultado se involucra en situaciones más positivas y las recuerda con mayor claridad.

4. SON MEJORES PARA ESTABLECER LÍMITES. Conforme usted cambia para alcanzar sus metas, algunos tal vez trabajen en contra suya. Saber esto lo anima a establecer límites para mantener controlados a aquellos que obstaculizan su camino. Por ejemplo, digamos que usted está tratando de cambiar sus hábitos alimenticios. Notará que algunos empiezan a sabotear sus esfuerzos: le regalan comida, aprovisionan el refrigerador con su helado favorito, lo invitan a comer pizza, o lo hacen

sentirse culpable por no socializar. Ahora que usted ve lo que está sucediendo, tiene el poder para detenerlo.

5. DISFRUTAN MÁS DE LA VIDA Y HACEN MÁS LO QUE QUIEREN. La disciplina propia nace de un deseo de avanzar más allá de una situación presente y salir de la rutina. Para hacer esto, usted tiene que decidir qué es lo que *quiere* de la vida y librarse de lo que no quiere. ¡Tal vez no vea su programa favorito de televisión, porque ahora está enfrascado en escribir ese libro que siempre quiso escribir!

La disciplina propia parece restrictiva, pero cuando usted la practique, ve más claramente cómo su vieja cultura, malos hábitos y adicciones lo controlaban todo el tiempo. Ahora está libre de la culpa por hacer cosas que sabía que no eran buenas para usted. Con sus prioridades cubiertas, en realidad puede relajarse y hallar diversión.

6. SON MEJORES EN LO QUE RESPECTA A DISCIPLINARSE MIENTRAS MÁS LO HACEN. La disciplina propia es una cultura; mientras más la practique, más llega a ser parte de su rutina. Cuando usted empezó, batallaba contra su cultura anterior de gratificación inmediata. Ahora esa cultura anterior se siente incómoda, y la disciplina personal se vuelve más fácil y llega a ser lo que usted desea.

7. NO SON PERFECTOS. Nadie es disciplinado todo el tiempo. Saber esto lo ayuda a perdonarse a sí mismo por las recaídas y a continuar avanzando hacia sus objetivos. Este «seguir avanzando» después del fracaso es esencial para el éxito. Como Ralph Waldo Emerson lo dice de manera elocuente: «Nuestra mayor gloria no es nunca caer, sino levantarnos cada vez que fallamos».[6]

SU BATALLA POR UNA VIDA DISCIPLINADA

En la médula del dominio propio está la realidad de que todos tenemos deseos conflictivos.

«¿Cuál es su problema? ¿Mal genio? ¿Impaciencia? ¿Dominio propio? ¿Sexo? ¿Sinceridad? ¿Su pensamiento? ¿Orgullo? ¿Holgazanería? ¿Egocentrismo? Toda persona tiene sus fallas secretas, y no siempre permanecen ocultas. Uno quiere hacer el bien, pero hace el mal [...] A veces uno casi podría jurar que tiene una personalidad dividida; una "guerra civil andante" normal».[7]

Todo creyente tiene dos naturalezas. Posee una naturaleza vieja con la cual nació, y una nueva, la naturaleza de Dios, que recibió cuando «nació de nuevo», en el momento en que se convirtió a Cristo. Estas dos naturalezas están en conflicto constante, por la sencilla razón de que son incompatibles e irreconciliables. En su Carta a los Gálatas, Pablo lo expresa de esta manera: «Porque el deseo de la carne [naturaleza vieja] es contra el Espíritu [naturaleza nueva], y el del Espíritu es contra la carne; y éstos se oponen entre sí, para que no hagáis lo que quisiereis» (Gálatas 5.17).

En su Carta a los Romanos, Pablo describe el conflicto personal que rugía en su propio corazón: «Realmente no me entiendo a mí mismo, porque quiero hacer lo que es correcto pero no lo hago. En cambio, hago lo que odio [...] Quiero hacer lo que es bueno, pero no lo hago. No quiero hacer lo que está mal, pero igual lo hago» (Romanos 7.15, 19, NTV).

Hace años alguien me dio un breve consejo poético sobre estas dos naturalezas que continúa instruyendo y animando mi vida:

Dos naturalezas laten en mi pecho;
La una es perversa; la otra es bendita.

A la una amo; a la otra detesto.

Aquella que alimento dominará.

La Biblia es pertinente para toda época, pero su descripción de la batalla por una vida disciplinada es especialmente significativa para nuestros días. Daniel Akst, autor del libro *Temptation: Finding Self-Control in an Age of Excess* [Tentación: Cómo hallar dominio propio en una época de exceso], describe la vida en nuestra cultura occidental moderna como «vivir en un gigantesco bufé tipo coma todo lo que pueda, uno que ofrece más calorías, crédito, sexo, intoxicantes y casi cualquier otra cosa que podamos tomar en exceso [...] Con más posibilidades de placer y menos reglas y restricciones que nunca antes, los pocos felices serán los que pueden ejercer el dominio propio».[8]

Más tentaciones, menos reglas. ¡Con razón podemos hallar tan difícil dominar esta virtud!

LAS BENDICIONES DE SU VIDA DISCIPLINADA

Mientras más triunfamos en lo que respecta a llegar a tener una disciplina personal, más crecemos en libertad, madurez y paz mental. Imagínese una vida llena de paz que sobrepasa todo entendimiento, una generosidad que le trae el gozo de Jesucristo, una perseverancia tranquila en medio de las dificultades, y una humildad que provee seguridad y perspectiva duraderas.

Harry S. Truman dijo: «Al leer sobre las vidas de los grandes hombres descubro que la primera victoria que ganaron fue sobre ellos mismos. Para todos ellos la disciplina personal venía primero».[9]

Cualquiera que alguna vez se haya propuesto capacitarse o estudiar para algo —ya sea que se trate de una carrera en los deportes o la enfermería, tocar un instrumento musical o edificar una empresa, llegar a ser astronauta o ahorrar para comprar una casa— sabe que sin el dominio propio, nuestros planes se quedan en la nada. Nunca lograremos tener una buena condición física. La empresa fracasará antes de que tenga la oportunidad de despegar. La compra de la casa se postergará por otro año. Y de la misma manera, cuando nos falta dominio propio sobre nuestras actitudes, acciones y palabras, descarrilamos nuestras relaciones personales, nuestras vidas y nuestro crecimiento espiritual.

«El propósito del dominio propio», dice Maxie Dunnam, «es que podamos estar en buenas condiciones para Dios, buenas condiciones para nosotros mismos, y buenas condiciones para servir a otros [...] No se trata de una práctica rígida y religiosa, de la disciplina por amor a la disciplina. No es una monotonía pesada destinada a exterminar la risa y el gozo. Es la entrada al verdadero gozo, la verdadera liberación de la esclavitud asfixiante del interés en uno mismo y el temor».[10]

Conforme maduramos en la vida y la fe, experimentamos cada vez más los muchos beneficios de la disciplina personal. La madurez en todas las cosas requiere y depende del dominio propio. Piense en aquello que por lo común nos descarrila: impulsividad, postergación, ceder a los deseos y hábitos malsanos, impaciencia y cólera. Sin dominio propio, estos impulsos son nuestros amos. Cuando poseemos ese rasgo del carácter, los dominamos.

En un artículo de mayo del año 2017 de la revista *Christianity Today*, titulado «La ciencia de pecar menos», el sociólogo Bradley Wright y el psiquiatra David Carreon hablan de una investigación que muestra que las personas con más dominio propio «viven más tiempo, son más felices, obtienen mejores calificaciones, están menos deprimidas, son más activas físicamente, tienen menor ritmo del corazón en reposo, abusan menos de los licores, tienen emociones más estables, ayudan más a otros, tienen mejores empleos, ganan más dinero, tienen mejores matrimonios, son más fieles en el matrimonio, y duermen mejor por la noche».[11]

¡Luce bastante bien! Así que démosle un nuevo vistazo a la disciplina personal, despojando al concepto del temor y el terror y reemplazándolos con esperanza y entusiasmo.

ABRACE SU INSATISFACCIÓN

En una carta que escribió poco antes de su muerte, Pablo les confesó a sus amigos en Filipos que no consideraba que hubiera alcanzado su meta de seguir a Cristo (Filipenses 3.12–14). Estaba en el cenit de su carrera y sin embargo se percataba de que no había alcanzado el nivel máximo de su llamamiento. Se había extendido a ciudades importantes con el evangelio, había fundado iglesias que continuaban floreciendo, había escrito importantes cartas doctrinales que incluso hoy aturden a los eruditos, pero no estaba satisfecho consigo mismo. Mientras más lograba, más veía lo que necesitaba lograrse.[12]

¿Cómo podía el hombre más grande que haya caminado sobre esta tierra, aparte de Jesucristo, estar cerca del fin de su vida y admitir que estaba insatisfecho con su progreso espiritual?

Sin embargo, este fue uno de sus secretos espirituales: Pablo tenía hambre y sed incurables de Dios que lo impulsaban a avanzar.

Una de las bienaventuranzas de Jesús dice: «Bienaventurados los que tienen hambre y sed de justicia, porque ellos serán saciados» (Mateo 5.6). Note que Jesús está pronunciando una bienaventuranza para «los que tienen *hambre* y *sed* de justicia».

La primera vez que realmente entendí esas palabras fue en una de aquellas ocasiones en mi andar espiritual en las que me sentía desalentado por el punto en que me encontraba espiritualmente. Entonces descubrí que el hambre y la sed por más de Dios y más de su presencia en mi vida no son algo malo, sino cosas buenas. ¡En realidad, son una bendición! Dios es honrado cuando sus hijos e hijas se niegan a sentirse satisfechos en cuanto a su fe... cuando tienen hambre y sed de más.

Verdaderamente estoy convencido de que el primer paso que damos hacia una vida más que maravillosa es darnos cuenta de que no estamos satisfechos con nuestra vida presente. Más de un conferencista motivacional a quien he escuchado con el correr de los años ha expresado alguna versión de esta máxima: «Mientras el dolor de seguir siendo lo mismo no se vuelve más agudo que el dolor del cambio, nada sucede. Simplemente mantenemos el *statu quo* y nos convencemos a nosotros mismos de que jugar a lo seguro es seguro».[13]

Si no estamos descontentos e insatisfechos con respecto a cuánto y qué clase de amor, gozo y paz tenemos en nuestras vidas, nada cambiará. Si no nos convencemos de que nos quedamos cortos en cuanto a generosidad y compasión, seguiremos en lo mismo. Y si pensamos que somos humildes y resistentes cuando no lo somos, nos engañamos nosotros mismos y una vida más que maravillosa para nosotros será simplemente un lindo título para un nuevo libro.

Así que abrace su insatisfacción en lo que se refiere a su vida. No permita que eso lo deprima o desaliente. ¡Recuérdese a sí mismo que mientras más quiera una vida mejor, más poder y energía tiene para alcanzarla!

CUIDADO CON SUS BUENAS INTENCIONES

Leer un libro como este puede adormecerlo para que piense que está respondiendo cuando no está haciéndolo. Al reflexionar en retrospectiva sobre mi vida, recuerdo ocasiones en las que obtuve un impulso espiritual al leer acerca de las victorias de otros. A esto se le llama bendición vicaria. Sin embargo, también es una proposición peligrosa. Puede proporcionarle a uno el sentimiento de que está haciendo algo, cuando en verdad no está haciendo nada. La bien trillada declaración de que «el camino al infierno está pavimentado con buenas intenciones» resume perfectamente lo que estoy tratando de decir.

Mientras leía el comentario sobre el Evangelio de Mateo de William Barclay, encontré este relato de la vida del gran poeta Samuel Taylor Coleridge, autor de uno de los poemas más famosos del mundo: «La balada del viejo marinero».

Coleridge es la suprema tragedia de la indisciplina. Jamás una mente tan grande produjo tan poco. Dejó la Universidad de Cambridge para enrolarse en el ejército; dejó el ejército porque, a pesar de toda su erudición, no pudo almohazar a un caballo; volvió a Oxford, y la abandonó sin graduarse. Empezó un periódico titulado *El Atalaya*, que vivió por diez números y se murió. Se ha dicho de él: «Se perdió a sí mismo en visiones del trabajo por hacer, que siempre quedó sin hacerse. Coleridge tenía todo don poético excepto uno, el don del esfuerzo sostenido y concentrado». En su cabeza y en su mente tenía toda clase de libros, y se decía para sus adentros: «terminado excepto por la transcripción [...] Estoy en vísperas de enviar a la prensa dos volúmenes en octavo». Sin embargo, los libros nunca fueron compuestos fuera de la mente de Coleridge, porque él no enfrentó la disciplina de sentarse a escribirlos. Nadie jamás alcanzó ninguna eminencia, y nadie que la alcanzó la ha mantenido jamás, sin disciplina.[14]

EMPIECE A EJERCITARSE

Cuando Pablo le escribió al joven Timoteo instruyéndole en su crecimiento cristiano, le dio el secreto de la piedad que había aprendido en sus muchos años de estudio y práctica: «Ejercítate en la piedad» (1 Timoteo 4.7, DHH).

Cuando Pablo les escribió a los filipenses, les dijo: «Ocúpense en su salvación» (Filipenses 2.12, RVC).

Cuando Pablo indica: «ejercítate», quiere decir entrenarse con un plan y con disciplina. Cuando el texto señala: «ocúpense en su salvación», quiere decir esforzarse en algo hasta completarlo. Ocuparnos en nuestra salvación es poner en práctica aquello que Dios ya ha obrado.

> Tom Landry, el [legendario] entrenador del equipo de fútbol americano Dallas Cowboys [...] dijo: «El trabajo de un entrenador de fútbol es hacer que los hombres hagan lo que no quieren hacer para lograr lo que siempre han querido ser. Casi de la misma manera, los cristianos están llamados a obligarse a sí mismos, por el poder del Espíritu, a hacer lo que naturalmente no harían —practicar las disciplinas espirituales— para experimentar aquello que el Espíritu les hace desear, es decir, estar con Cristo y ser como Cristo».[15]

Una manera de lograr el dominio propio es cultivando nuevos hábitos. En su artículo «The Science of Sinning Less» [«La ciencia de pecar menos»], Bradley Wright pasa a explicar como lo hace. Hay tres partes en un hábito, escribe. Está la conducta (lo que se hace), una señal (cuándo se hace) y una recompensa (por qué se hace). Reúnalas, practíquelas regularmente y un hábito emerge.

Sin embargo, para cambios grandes y retadores, Wright aprendió que tenía que asumir un enfoque diferente. En lugar de empezar un régimen de ejercicio completo incluyendo todo a la vez, escogía una pequeña conducta, tan pequeña que parecía trivial. Esto aseguraba que fuera fácil ponerla en práctica. Entonces practicaba esta conducta pequeña constantemente hasta que se volvía una rutina. Luego añadía otra pequeña conducta del gran cambio hasta que esa se convertía en una rutina también. Y luego otra, y otra, hasta que todo el gran cambio se volvía un hábito.

Así que cada mañana después de que tomaba sus vitaminas (la señal), se dirigía a la habitación designada y hacía solo un ejercicio (la conducta). Eso era todo. Una repetición de un ejercicio. Cuando terminaba, se decía a sí mismo en voz alta: «¡Buen trabajo!» (la recompensa). «Mi meta al hacer una repetición no era conseguir un buen ejercicio [...] Mi meta era edificar *el hábito* del buen ejercicio». Con el tiempo, la rutina completa del ejercicio matutino se convirtió en su hábito, algo que hacía «sin pensarlo dos veces».

De forma interesante, otras bendiciones empezaron a asomarse. Era más disciplinado en otros aspectos de su vida. (Este es un efecto colateral típico de aumentar la disciplina en un aspecto de la vida: ¡resulta más fácil disciplinarse en otros!) Con el correr de varios años, Wright formó nuevos hábitos para hacer ejercicio, comer, prestarle atención a su esposa, ayudar a su hijo con las tareas escolares, orar, ser agradecido, fotografiar la naturaleza, limpiar la casa, conocer a personas en la iglesia, aprender en cuanto a su fe y otras cosas que le importaban.

«La formación intencional del hábito es central para el llamado del Nuevo Testamento a la santidad y la santificación», dice Wright.[16]

CONVERSE CON SU CUERPO

En uno de los grandes pasajes atléticos del Nuevo Testamento, el apóstol Pablo compara la vida cristiana con una competencia olímpica y se enfoca en los rigores del entrenamiento personal que implica la preparación para ese acontecimiento: «¿No se dan cuenta de que en una carrera todos corren, pero solo una persona se lleva el premio? ¡Así que corran para ganar! Todos los atletas se entrenan con disciplina. Lo hacen para ganar un premio que se desvanecerá, pero nosotros lo hacemos por un premio eterno» (1 Corintios 9.24, 25, NTV).

Luego Pablo da su testimonio personal. Él aplica la disciplina del competidor olímpico a su propio andar con el Señor: «Por eso yo corro cada paso con propósito. No solo doy golpes al aire. Disciplino mi cuerpo como lo hace un atleta, lo entreno para que haga lo que debe hacer. De lo contrario, temo que, después de predicarles a otros, yo mismo quede descalificado» (vv. 26, 27).

Mientras más años tengo, más me llega este pasaje. Hay algunos días en que mi cuerpo me dice que ya no quiere obedecerme. En realidad discuto con mi cuerpo. ¡Hablo con él!

Mi cuerpo quiere dormir; ¡yo tengo que levantarme! Mi cuerpo quiere comer; ¡ya he comido lo suficiente! Mi cuerpo quiere dejar de hacer ejercicio; si lo dejo, tal vez nunca vuelva a empezarlo de nuevo. Mi cuerpo se resiste al esfuerzo necesario para orar y leer la Biblia; ¡no puedo permitir que mi cuerpo gane esa batalla! Mi cuerpo quiere rendirse cuando las cosas se ponen difíciles; ¡pero yo sé que debo continuar!

Esta batalla con nuestros cuerpos lo incluye todo, porque «nuestros cuerpos y nuestras almas viven unidos tan estrechamente que el uno se contagia con las enfermedades del otro». No sé quién dijo eso, pero ha estado en mi espíritu por más de treinta años. Cuando no me siento bien físicamente, eso impacta mi vida espiritual, y lo opuesto también es cierto.

Me encanta montar en bicicleta por la playa. Disfruto montando mi bicicleta playera por el carril para ciclistas en Coronado. En ciertas horas del día los vientos allí son feroces. Ese fue el caso hace poco cuando salí a montar. Mientras me dirigía a la playa, tenía el viento a la espalda e iba volando tan rápido que casi ni podía mantener los pies en los pedales. En cierto momento me paré sobre ellos para darle un descanso a mi espalda, ¡y el viento estaba soplando tan fuerte que sin mover los pedales, con mi cuerpo sirviendo de vela, continué casi volando!

Cuando llegué al final de mi camino, hallé un lugar donde descansar, bebí un poco de agua, y me dispuse a emprender mi regreso a casa. Con certeza, nunca he experimentado nada como ese día.

El viento en contra soplaba tan fuerte que cada pedaleada era todo un reto. Tuve que prometerme no mirar hacia adelante, o de lo contrario nunca habría tenido el valor para continuar. En cierto momento decidí pararme en los pedales de nuevo, ¡y en ese instante mi bicicleta prácticamente se detuvo en seco! Había solo una manera de recorrer todo el camino a casa sin detenerme repetidas veces: cuando uno tiene el viento de frente, hay que mantener la cabeza baja y pedalear con todas las fuerzas.

Haga de esto su consigna en los días en que siente que los vientos soplan ferozmente en su contra. No piense en cuánta distancia tiene que recorrer. No piense en darse por vencido o descansar. ¡Mantenga la cabeza gacha y siga pedaleando! Eso fue lo que hice para llegar a casa ese día, y entonces anoté con cuidado la ocasión y la hora en que sucedió.

Todos enfrentamos días difíciles. Mientras escribo esto, siento como si hubiera estado yendo con el viento en contra en mi vida durante varios de los días pasados, y no es agradable. Me gusta el viento a la espalda. Prefiero el recorrido fácil, tal como usted.

No obstante, estoy agradecido por la experiencia en aquel recorrido y en la vida. Sé que puedo continuar hacia adelante si mantengo mi cabeza inclinada en sumisión a Dios y sus propósitos, y si avanzo con todo mi corazón, mente y fuerza. No debo rendirme a mi endeble naturaleza humana que quiere que deje de pedalear. Me inclinaré hacia el viento y seguiré avanzando. A veces será a un paso muy lento, pero no voy a detenerme ni voy a darme por vencido.

MIRE HACIA ADELANTE EN SU VIDA

El escritor de Hebreos captó este principio en la vida de Jesús:

> Esto lo hacemos al fijar la mirada en Jesús, el campeón que inicia y perfecciona nuestra fe. Debido al gozo que le esperaba, Jesús soportó la cruz, sin importarle la vergüenza que esta representaba. Ahora está sentado en el lugar de honor, junto al trono de Dios. Piensen en toda la hostilidad que soportó por parte de pecadores, así no se cansarán ni se darán por vencidos. (Hebreos 12.2, 3, NTV)

Este es el «sí mayor» que nos permite decirle que no a algo menor, la visión de una realidad que llega a suceder si tenemos la disciplina para llevarla a cabo.

Nunca me han interesado gran cosa los programas de premios por la televisión, pero hace años acabé viendo la entrega de los Oscar y observé a Matthew McConaughey mientras aceptaba el premio por el mejor actor. Su discurso de agradecimiento no se pareció a nada que yo hubiera presenciado. Después, uno de los anunciadores dijo que por tal discurso de agradecimiento se le debería haber dado un Oscar adicional.

Él empezó diciendo que había solo tres cosas que necesitaba todos los días: «algo a lo que alzar los ojos [...] algo a lo cual dirigir la mirada, y [...] alguien a quien perseguir».

Sin avergonzarse, reconoció que *alzaba los ojos* a Dios, que «me ha concedido gracia en mi vida con oportunidades que sé que no son de mi mano y ni de la de ningún otro ser humano». Miraba *hacia su* familia: a su padre fallecido y su madre que estaba en el público esa noche, a sus dos hermanos mayores, a su esposa, Camila, y a sus tres hijos.

No obstante, fue la parte de alguien *a quien perseguir* de su discurso la que nunca olvidaré:

Cuando tenía quince años, una persona muy importante en mi vida se me acercó y me preguntó: «¿Quién es tu héroe»?». Yo le dije: «No lo sé. Tengo que pensar al respecto. Dame un par de semanas». Volví dos semanas más tarde, y esta persona vino y me dijo: «¿Quién es tu héroe?». Yo le contesté: «Pensé al respecto. ¿Sabes quién es? Soy yo de aquí a diez años». Así que cumplí los veinticinco. Diez años después la misma persona se me acercó y me dijo: «Y bien, ¿eres un héroe?». Y yo le repliqué algo como: «Ni en sueños. No, no y no». Ella preguntó: «¿Por qué?». Yo dije: «Porque mi héroe soy yo a los treinta y cinco años». Así que, como ven, cada día, cada semana, cada mes y cada año de mi vida, mi héroe siempre está a diez años de distancia. Nunca voy a ser mi héroe. No voy a lograrlo. Sé que no lo soy, y eso simplemente está bien conmigo, porque me mantiene teniendo a alguien a quien siempre continuar persiguiendo.

Así que, para cualquiera de ustedes, sin importar lo que sean esas cosas, lo que sea a lo que alzan los ojos, lo que sea hacia lo que miran, y quién sea a quien están persiguiendo, a eso yo digo: «Amén». A eso yo digo: «Está bien, está bien, está bien».[17]

Me inspiraron las palabras de Matthew McConaughey. Quiero continuar mejorándome en esto de seguir al Señor, amar a mi familia y crecer como persona. Cuando tenemos una visión para nuestro futuro, la disciplina personal de repente se vuelve mucho más atractiva.

DESCUBRA LA LIBERTAD DE LA DISCIPLINA PERSONAL

H. A. Dorfman dijo: «La disciplina personal es una forma de libertad. Libertad de la holgazanería y el letargo, libertad de las expectativas y demandas de otros, libertad de la debilidad y el temor, y la duda».[18]

En 1981, cuando me mudé con mi familia de Fort Wayne, Indiana, a San Diego, California, tomé seis semanas entre asignaciones para viajar con ella. Tuve mucho tiempo para pensar en cómo reorganizar mi vida y mi ministerio. Eso fue hace como treinta y seis años, y quiero informarles de una decisión que tomé y cómo ella afectó mi vida.

Durante mis primeros doce años de predicación, reunía mis notas, ilustraciones y puntos; preparaba un bosquejo con numerales; y entonces predicaba el mensaje. Hacia el final de mi tiempo en Fort Wayne, me preocupé debido a que no estaba siendo tan cuidadoso con mis palabras como debía serlo y a que había desarrollado unos cuantos hábitos descuidados, incluyendo la repetición de las mismas frases.

Cuando estaba a punto de entrar en esta nueva fase del ministerio, sentí que el Espíritu Santo me impulsaba a hacer un pacto: yo iba a escribir, palabra por palabra, todo mensaje que predicaría desde ese punto en adelante por el resto de mi vida como pastor.

Por los primeros dos años o algo así, escribí cada mensaje con mi puño y letra, y mi secretaria lo copiaba a máquina. Con el tiempo llegué a sentirme cómodo en el computador, y desde entonces he tecleado

por completo todo mensaje que he predicado, con muy pocas excepcio-
nes. Eso asciende como a unos dos mil quinientos mensajes en treinta
y seis años.

Muchas bendiciones resultaron de ese pacto que hice conmigo mismo y con Dios debido a mi disciplina para llevarlo a la práctica. Llegué a ser más cuidadoso con mi selección de palabras, se redujeron las
repeticiones, y acumulé una creciente reserva de notas y manuscritos
de mensajes bíblicos.

Después empecé a escribir libros basados en estos mensajes. Hoy el
número de libros asciende a más de setenta. Los mensajes por radio y
televisión se presentan con una cuidadosa atribución de citas y relatos.
Los artículos en las revistas y el material devocional se extraen de esos
sermones. Y en el año 2013, publicamos la Biblia de Estudio Jeremiah
que tiene más de ocho mil notas que surgieron casi por completo de
los sermones preservados al ponerlos por escrito antes de predicarlos.

Al principio fue muy difícil para mí hacer esto. No obstante, conforme pasaba el tiempo, empecé a disfrutar de esta disciplina que me
impuse a mí mismo. Hoy no puedo imaginarme predicando un sermón o dando una charla seria sin primero ponerlos por escrito.

VIVA SIN REMORDIMIENTOS

Coronado es uno de los lugares favoritos de nuestra familia. Nos encanta la playa en esa isla, una de las más hermosas del mundo. Curiosa-
mente, Coronado es también sede del campamento de entrenamiento
de la unidad SEAL de la Marina de Estados Unidos. A veces los vemos
u oímos, y siempre quedo asombrado. Hace poco se publicó un nuevo libro sobre los SEAL con el curioso título de *Make Your Bed* [Haz
tu cama].

Escrito por el almirante William H. McRaven (jubilado de la Marina de Estados Unidos), el libro se basa en un discurso de graduación que él pronunció en la Universidad de Texas en Austin en el año 2014. Su discurso se hizo viral en la Internet con millones de visitas. Yo presencié el discurso y leí la transcripción, y espero que este breve fragmento lo motive a leer también el libro. Al final de su obra, el almirante McRaven habla de su experiencia como SEAL:

Estaba en posición de firme junto con otros ciento cincuenta estudiantes al empezar el primer día del entrenamiento SEAL. El instructor, calzando botas de combate, pantalones kakis cortos, y una camiseta color azul y dorado, caminó cruzando el enorme patio de asfalto hasta una campana de bronce que estaba a plena vista de todos los candidatos.

«Caballeros», empezó. «Hoy es el primer día del entrenamiento SEAL. Durante los próximos seis meses ustedes estarán sujetos al curso de instrucción más difícil de las Fuerzas Armadas de Estados Unidos».

Miré a mi alrededor y pude ver algunas de las expresiones de aprehensión en las caras de mis compañeros.

El instructor continuó. «Ustedes serán probados como en ninguna otra ocasión en sus vidas». Haciendo una pausa, miró alrededor de la clase de los nuevos «renacuajos». «La mayoría de ustedes no lo logrará. Yo me encargaré de eso». Sonrió. «¡Yo haré todo lo que esté en mi poder para hacer que desistan!». Recalcó las últimas cuatro palabras. «Los hostigaré despiadadamente. Los abochornaré frente a sus compañeros. Los empujaré más allá de sus límites». Una leve sonrisa cruzó su cara. «Y habrá dolor. Montones y montones de dolor».

Empuñando la campana, tiró fuerte de la cuerda, y un campanazo retumbó en eco por todo el patio. «Pero si no les gusta el dolor, si no les gusta todo el hostigamiento, hay una manera fácil de escaparse». Tiró de la cuerda de nuevo, y otro campanazo metálico profundo retumbó en los edificios. «Todo lo que tienen que hacer es tocar tres veces esta campana».

Soltó la cuerda atada al badajo de la campana. «Toquen la campana, y no tendrán que levantarse temprano. Toquen la campana, y no tendrán que hacer largas carreras, ni nadar en agua fría, ni recorrer el curso de obstáculos. Toquen la campana, y podrán evitar todo este dolor».

Entonces el instructor miró al asfalto y pareció interrumpir su monólogo preparado. «Sin embargo, voy a decirles algo», continuó. «Si se dan por vencidos, lo lamentarán por el resto de sus vidas. Darse por vencido nunca hace nada más fácil».

Seis meses después, éramos solo treinta y tres de pie para la graduación. Algunos habían tomado la salida fácil. Se habían dado por vencidos, y pienso que el instructor tenía razón, que lo lamentarán por el resto de sus vidas.[19]

El avance a una vida más que maravillosa es una jornada a la vida más alta, mejor y más llena de amor posible. No siempre será fácil. No obstante, le aseguro que valdrá la pena. Habrá ocasiones en que usted caerá, o en que los vientos contrarios lo obligarán a detenerse. Habrá ocasiones en que dudará de su valor y su fuerza, y un número de impedimentos parecerán estorbar su progreso.

No permita que eso lo disuada de su jornada más grande. Conforme usted crece en la disciplina personal, crecerá en fortaleza espiritual. Esa fortaleza espiritual reforzará su dominio propio; y le aseguro que mientras más pedalee con el viento en contra, más fuerte llegará a ser.

> *¿No se dan cuenta de que en una carrera todos corren,*
> *pero solo una persona se lleva el premio? ¡Así que corran*
> *para ganar! Todos los atletas se entrenan con disciplina.*
> *Lo hacen para ganar un premio que se desvanecerá,*
> *pero nosotros lo hacemos por un premio eterno.*

—1 Corintios 9.24, 25, ntv

CONCLUSIÓN

Transcurría 1979, y Donna y yo estábamos felices dirigiendo la Iglesia Bautista Blackhawk en Fort Wayne, Indiana. Esa era mi primera iglesia, nuestra familia era joven, y yo estaba aprendiendo todos los días cómo servir a una congregación que crecía. Terminamos dos proyectos de construcción, empezamos una escuela, y teníamos un programa de televisión los fines de semana que se veía en cinco cadenas.

Y fue ahí cuando la decisión que definiría nuestra vida compartida tuvo lugar. Un hombre llamado Tim LaHaye me dijo de buenas a primeras que yo iba a ser el próximo pastor de la iglesia que él había dirigido por veinticinco años.

Durante los próximos dos años nos resistimos a ese mensaje. ¿Cómo podría Dios estar en eso? ¿Qué sabía yo de ministrar en California? No obstante, conforme procesábamos todo eso, nuestras vidas quedaron dominadas por esa oportunidad.

Donna sabía que Dios nos estaba llamando a California, pero yo no quería ver eso. Me negaba, aferrándome a la iglesia que había empezado y estaba edificando. Finalmente, Donna me dijo: «¡David, si Dios mismo bajara y se presentara aquí y te dijera que fueras a California, pienso que no cambiarías nada!».

Dios en realidad no se presentó, pero algo bastante cercano a eso sucedió. Un día estábamos hablando de los terremotos, que eran mi excusa más reciente para no ir. Le recordé a Donna que resultaba mucho más probable que los terremotos ocurrieran en California que en Indiana. Pues en efecto, al mismo día siguiente hubo un temblor en Fort Wayne, Indiana. Descubrimos que Dios puede enviar un temblor a donde quiera que le plazca, y nosotros decidimos ir a California.

Esa decisión cambió todo en nuestras vidas. Cambió el lugar donde nuestros hijos fueron a la escuela. Cambió con quiénes se casaron. Cambió dónde crecerían nuestros doce nietos. Cambió el tipo de ministerio que yo tendría. Abrió puertas que antes estaban cerradas, y cerró puertas que antes estaban abiertas.

LA DECISIÓN FINAL

En las páginas de este libro lo he animado a tomar nueve decisiones que transformarán su vida. Sin embargo, detrás de cada una de estas decisiones hay una que impacta a todas las demás. ¿Qué decidirá usted hacer con respecto al Señor Jesucristo?

La Biblia dice que Jesús vino a este mundo para librarnos de una vida de pecado, egoísmo y separación de Dios. En nuestro estado presente estamos «destituidos de la gloria de Dios» (Romanos 3.23). No obstante, por medio de la muerte, sepultura y resurrección de Jesucristo, la barrera entre nuestro Dios santo y el hombre pecador ha sido derribada. Cuando decidimos poner nuestra confianza solo en Jesucristo para la vida eterna y lo invitamos a nuestro corazón y nuestra vida, Él nos da la *vida más que maravillosa* sobre la que ha estado leyendo en este libro.

En los primeros nueve capítulos nos enfocamos en cómo se vería una vida así y en cómo podemos activarla en nuestras vidas cotidianas. Ahora usted tiene una decisión más que tomar: ¿Abrazará al Espíritu

Santo, la persona que Dios nos da a cada uno de nosotros para orquestar esta vida más que maravillosa?

EL PODER QUE USTED NECESITA

El 10 de febrero de 2013, un incendio se desató en el salón de máquinas del crucero *Triumph* de Carnival, el cual inutilizó la energía del barco. Los más de cuatro mil doscientos pasajeros y la tripulación quedaron a la deriva en las corrientes del Golfo de México. La falta de electricidad hizo que fuera imposible descargar los inodoros, mantener los equipos del aire acondicionado funcionando bajo el ardiente sol tropical, o preservar y cocinar toda la comida perecedera que había a bordo. Los pasajeros informaron acerca de largas filas para la comida, escasez de agua potable, enfermedades y aburrimiento al por mayor. Muchos pasajeros dormían en los corredores o al aire libre para escapar de la pestilencia y el calor de las cubiertas inferiores. La nave finalmente atracó segura en Mobile, Alabama, después de cuatro agonizantes días.[1]

La terrible odisea del barco *Triumph* es un contundente recordatorio de lo que puede suceder cuando algo o alguien queda desconectado de su fuente de poder. Para los que somos cristianos, nuestra fuente de poder es el Espíritu Santo.

Usted y yo sabemos que hay millones que sufren en las tinieblas espirituales, que soportan la desdicha y el dolor espiritual, que no tienen esperanza ni alivio. Para ellos, la intensidad del poder que el Espíritu Santo da resulta asombrosa al instante. Para otros puede parecer más como un proceso gradual. Con todo, a menos que usted abrace el poder que solo el Espíritu Santo puede proveer, está funcionando con su tanque vacío.

Si ha tratado de mantener constantemente estos nueve rasgos del carácter en su vida, sabe lo difícil que eso resulta. Tal vez ha decidido que sencillamente es demasiado difícil para usted. ¡Tiene razón! Vivir la vida cristiana meramente con nuestra fuerza no es solo difícil; es imposible.

En toda la historia del cristianismo solo una persona ha vivido esa clase de vida perfecta. Esa persona es Jesucristo. Sin embargo, incluso Él no vivió esa vida por su propio poder. Aunque Él era uno con Dios en el cielo, para ser un humano completo y perfecto, tuvo que vivir su vida de la forma en que los seres humanos fuimos creados para vivir. Tuvo que hacer a un lado el uso independiente de sus atributos divinos; someterse a Dios Padre; y permitir que el Espíritu del Padre viviera en Él, obrara por Él y dirigiera su vida.

Jesús les dijo a sus discípulos: «Las palabras que yo os hablo, no las hablo por mi propia cuenta, sino que el Padre que mora en mí, él hace las obras» (Juan 14.10).

«Jesús vivió, pensó, obró, enseñó, conquistó el pecado y ganó victorias para Dios con el poder del mismo Espíritu *al que todos nosotros tenemos*».[2]

El Espíritu al que todos nosotros podemos tener... si lo recibimos.

ABRACE AL ESPÍRITU SANTO

Espero que al leer este libro usted haya desarrollado hambre por una vida maravillosa. Es mi oración que anhele una vida llena del poder del Espíritu Santo y que esté listo para entregarle el control de su vida. Entonces, la pregunta natural es: ¿cómo hacerlo?

Hay un concepto errado muy común de que cuando uno se convierte a Cristo, el Espíritu Santo de repente surge en nuestra vida como una corriente eléctrica irresistible, y desde ese momento en adelante quedamos totalmente llenos del Espíritu sin que se requiera ninguna otra acción de nuestra parte.

Es cierto que el Espíritu Santo viene a residir en su vida en el momento en que usted cree. Sin embargo, usted no se convierte, en ese momento, al instante, en un creyente completamente maduro. Se necesita tiempo para que el fruto del Espíritu germine y madure. Se requiere un cuidado meticuloso de su terreno espiritual.

Es necesario que usted haga su parte, que se someta a Él, y luego realice su trabajo, el trabajo que Él lo inspira a hacer. He aquí cinco pasos específicos que lo guiarán a una vida llena del poder del Espíritu.

Desee al Espíritu

En el clímax de uno de los festivales de Israel, Jesús se puso de pie en el templo y dijo: «Si alguno tiene sed, venga a mí y beba» (Juan 7.37). El versículo que sigue nos explica que estaba hablando de tener sed del Espíritu Santo. En otro pasaje Jesús afirma que nuestro «Padre celestial dará el Espíritu Santo a los que se lo pidan» (Lucas 11.13).

Estos dos pasajes indican lo mismo: debemos desear que el Espíritu Santo nos controle. Debemos tener sed. Debemos pedirle su dirección.

Aunque el Espíritu Santo quiere dirigir nuestras vidas, no hace a un lado nuestro libre albedrío ni se apodera del control de nuestra mente. Más bien obra como una combinación del GPS y la dirección hidráulica de su coche. El navegador le da una instrucción y luego espera su decisión de seguirla. Usted tiene que decidir darle la vuelta al volante en la dirección que él le indica. Una vez que hace eso, Él provee el poder para dirigir el coche y hacer que avance por el camino. La dirección al destino y el poder para llevarlo allá le pertenecen al Espíritu, pero la decisión de conducir continuamente avanzando hacia al destino correcto es de usted.

Así que el primer paso es querer que el Espíritu Santo guíe su vida y estar dispuesto a seguirlo cuando Él lo hace. Usted tiene que *querer* una vida más que maravillosa; esta no ocurrirá a menos que usted la desee por sobre todo lo demás.

El finado John Stott comenzaba cada mañana con esta oración, una confesión de su deseo de la ayuda del Espíritu Santo en su vida.

Padre celestial, te pido que en este día yo pueda vivir en tu presencia y agradarte más y más.

Señor Jesús, te pido que en este día pueda tomar mi cruz y seguirte.

Espíritu Santo, te pido que este día me llenes de ti y hagas que tu fruto madure en mi vida: amor, gozo, paz, paciencia, benignidad, bondad, fe, mansedumbre y dominio propio.[3]

Renuncie a su pecado

Me encanta recordarles a las personas que el apellido del Espíritu Santo es «Santo». Debido a que Él es santo, no puede prosperar en un medio ambiente contaminado. El apóstol Pablo escribió: «No entristezcan al Espíritu Santo de Dios con la forma en que viven. Recuerden que él los identificó como suyos, y así les ha garantizado que serán salvos el día de la redención» (Efesios 4.30, NTV).

Una de las clases que más impactó mi vida durante el seminario fue un curso que enseñó el doctor Charles Ryrie. Trataba sobre el Espíritu Santo. En los años que han transcurrido desde entonces, he vuelto al libro del doctor Ryrie sobre el Espíritu Santo una y otra vez. En realidad, es uno de los más subrayados en mi biblioteca. En ese libro él escribió:

La vida victoriosa o la vida que no contrista al Espíritu Santo es la vida sin derrota. Es la vida que responde constantemente a la luz como se la revela en la Palabra de Dios. A medida que vamos respondiendo a la luz, se irán abriendo nuevas áreas de oscuridad que tienen que ser confesadas seguidamente. Luego nos llega un mayor grado de luz, lo cual, a su vez, nos obliga a una nueva confesión de lo que hemos descubierto en esos rincones oscuros recientemente iluminados. Y así se prosigue a lo largo de la vida; pero así sucede, también, con la vida que sigue un desarrollo normal y no contrista al Espíritu.[4]

Cuando confesamos nuestros pecados y decidimos alejarnos de ellos (que es lo que la Biblia llama arrepentimiento), el Señor nos perdona. El apóstol Juan escribió: «Si confesamos nuestros pecados, él es fiel y justo para perdonar nuestros pecados, y limpiarnos de toda maldad» (1 Juan 1.9).

Por el poder del sacrificio expiatorio de Cristo en la cruz, Él de buen grado perdona los pecados que confesamos y de los que nos alejamos. Por medio de ese perdón somos limpiados, y el Espíritu Santo queda libre para obrar en nosotros y por medio de nosotros.

Dedíquese a la Palabra de Dios

Como consideramos en la introducción, la salvación no es un fin; es un comienzo. Es el principio de un proceso vitalicio llamado santificación, en el cual participamos junto a Dios, primordialmente a través del estudio de su Palabra. Leemos la Biblia para aprender cómo vivir la vida cristiana.

Si usted quiere que el fruto del amor se desarrolle en su vida, estudie los pasajes que le muestran cómo se ve el amor real, como por ejemplo 1 Corintios 13. Si quiere aprender cómo perseverar, estudie las vidas de hombres como Job o Moisés. ¿Quiere crecer en integridad? Sugiero que se familiarice con Noé, Abraham, José, Ana y Daniel.

Todos los días enfrentamos situaciones que requieren decisiones. Si queremos tomar las decisiones correctas, estar «dispuestos a toda buena obra» (Tito 3.1), debemos almacenar tanto como podamos de la Palabra de Dios en nuestros corazones. De esa manera, cuando esos momentos lleguen, el Espíritu Santo puede traer a nuestra mente el pasaje, principio o concepto de las Escrituras que nos guiará.

Yo asemejo esto a lo que sucede cuando usamos nuestras computadoras. Almacenamos información en el disco duro, y luego el sistema de operación usa esa información para realizar una tarea dada. Estudiar y memorizar la Palabra de Dios es como guardar en nuestro disco duro espiritual gran cantidad de información. El Espíritu Santo —su sistema operativo— usa lo que usted ha almacenado para guiar su vida.

No obstante, si usted no almacena nada en su disco duro espiritual, el Espíritu Santo no tiene nada con qué obrar. Este es un concepto muy sencillo, pero profundo. Comprométase a dedicar tiempo a las Escrituras todos los días, y a la larga descubrirá al fruto del Espíritu madurando en su vida.

Abandone su propia ambición

En los versículos que siguen de inmediato a la lista del fruto del Espíritu, Pablo dice: «Pero los que son de Cristo han crucificado la carne con sus pasiones y deseos. Si vivimos por el Espíritu, andemos también por el Espíritu» (Gálatas 5.24, 25).

Se nos ordena andar en el Espíritu. Es sencillamente una cuestión de obediencia. Debemos estar dispuestos a permitir que Dios sea Dios en nosotros. Todos los recursos de Dios estarán a nuestra disposición si sencillamente le permitimos al Espíritu Santo tomar el control de nuestra vida.

Considere el uso que Pablo hace de la palabra *andar*. Esto ofrece una imagen sencilla pero poderosa de una persona dando un paso a la vez. En algunas ocasiones son pasos muy pequeños, y en otras son pasos grandes; a veces son pasos con el viento en contra, y otras veces son pasos con el viento a favor. No importa; sin que consideremos cómo es el paso, esta persona que anda en el Espíritu continuamente está progresando.

Abandonar nuestra ambición puede ser el más difícil de los cinco pasos, pero también es uno de los catalizadores más poderosos para cambiar. Pablo nos dice que si queremos una vida dirigida por el Espíritu, debemos estar dispuestos a abandonar la senda que hemos escogido por cuenta propia a favor de aquella a la que Dios nos ha llamado.

Jesús expuso esta regla en sus descripciones de lo que significa llegar a ser su discípulo. «Si alguno quiere venir en pos de mí, niéguese a sí mismo, y tome su cruz, y sígame. Porque todo el que quiera salvar su vida, la perderá; y todo el que pierda su vida por causa de mí, la hallará» (Mateo 16.24, 25).

Esa es una enseñanza difícil en nuestra época llena de ambición... ¡pero «ningún siervo puede servir a dos señores»! Su vida no tiene espacio para dos directores ejecutivos. O bien usted está a cargo, y probablemente sabe hacia dónde se dirige eso, o puede poner al Espíritu Santo a cargo. El Espíritu Santo es el único que puede guiarlo a una vida llena de los nueve atributos que hemos estado examinando en este libro.

Abandonar nuestra ambición puede parecer arriesgado, pero tiene la seguridad que le ofrece la Biblia de que es el único camino a una vida más que maravillosa. Y una tremenda recompensa le espera al final cuando oiga a Cristo decir: «Bien, buen siervo y fiel; sobre poco has sido fiel, sobre mucho te pondré; entra en el gozo de tu señor» (Mateo 25.21).

Comprométase con la dirección del Espíritu

Imagínese que usted es una casa y que Dios viene para reconstruirla. Al principio, entiende lo que Él está haciendo. Está corrigiendo los desagües, arreglando las goteras del techo, y cosas así. Usted sabía que esas tareas había que hacerlas, así que no se sorprende. Sin embargo, ahora empieza a derribar la casa de una manera que duele y parece que no tiene sentido. ¿Qué es lo que se propone?

¡Dios está construyendo una casa muy diferente a la que usted se imaginó! Usted pensaba que iba a hacer una casita aceptable. Pero Él no se contenta con una casita. Él está construyendo un palacio, un edificio digno de sí mismo en el cual vivir.[5]

Así que la pregunta es, ¿cómo quiere que se vea su vida? ¿Cómo una casita o un palacio? ¿Desea usted lo suficiente las nueve virtudes de una vida buena y gozosa como para entregarle su vida al Espíritu Santo? ¿O quiere retener el control y arriesgarse a que las obras de la carne se inmiscuyan cada vez más en su vida y lo alejen más de toda posibilidad de gozo? Esta no es meramente una decisión de una sola vez por todas, sino una decisión continua que los cristianos enfrentan toda la vida. Debemos ejercer una vigilancia constante sobre nuestras vidas y actividades, una apertura constante a la creciente presencia del Espíritu Santo, y un arrepentimiento y una reconsagración constantes cada vez que nos alejamos de su dirección.

El apóstol Pablo pone esta penetrante alternativa ante nosotros: «Porque si vivís conforme a la carne, moriréis; mas si por el Espíritu hacéis morir las obras de la carne, viviréis. Porque todos los que son guiados por el Espíritu de Dios, éstos son hijos de Dios» (Romanos 8.13, 14).

UNA TRANSFORMACIÓN DIARIA

Ahora que usted conoce los cinco pasos que tiene que dar para ser lleno del Espíritu Santo, ¿qué viene luego? ¿Cómo será su vida cuando se deje guiar por el Espíritu de Dios? ¿Quedarán reparados todos los baches? ¿Se enderezarán todos los desvíos? ¿Se abrirán todas las puertas?

No, ser dirigido por el Espíritu no quiere decir que su mundo de repente se convertirá en el huerto del Edén. Usted todavía tendrá que lidiar con las hierbas malas y las nubes tormentosas de la vida, pero verá un enorme cambio en la forma en que las enfrenta.

Con el Espíritu Santo residiendo en su corazón, las nueve virtudes empezarán a crecer. Conforme usted las alimenta con la Palabra de Dios y las repara con arrepentimiento, lo harán madurar a fin de ser una persona lista para enfrentar cada día con confianza y gozo. Y en todo el camino habrá bendiciones. Usted *sentirá* la presencia del Espíritu Santo en su vida. Disfrutará de una intimidad en su caminar con Dios que nunca se imaginó.

El fruto del Espíritu es una cuestión de transformación: de hacer de usted algo diferente a lo que era, así como una mariposa difiere de una oruga; de cambiarlo de una criatura que se arrastra a una que se remonta a las alturas. Es por el inmensurable amor y la gracia de Dios que Él nos ofrece su propio poder para hacer lo que no podemos hacer por nosotros mismos.

Nuestros esfuerzos iniciales de andar bajo el control del Espíritu por lo general son torpes e ineficaces, pero Él nos elogia tomando en serio nuestros intentos y aplaudiéndolos por el deseo que evidencian. En realidad, Él lo hace incluso mejor. No solo oye lo que nos proponemos, sino que por su poder el Espíritu Santo también convierte nuestros desmañados esfuerzos en obras maestras gloriosas.

NO SE DETENGA, SIGA TOCANDO

Se cuenta de una madre que tenía un hijo pequeño que batallaba por aprender a tocar el piano. Pensando que podía animarlo, lo llevó a un concierto de un gran pianista. Después de que tomaron asiento, la madre vio a una amiga y dejó su asiento para ir a saludarla. Su hijo, siempre curioso, aprovechó la oportunidad para explorar el gran salón musical. Así llegó y atravesó una puerta que tenía un rótulo: «No entrar».

Cuando las luces del salón se atenuaron, la madre volvió a su asiento y descubrió que su hijo no estaba. Antes de que pudiera reaccionar, el telón se abrió dejando a la vista el escenario central iluminado por el reflector, mientras el público estallaba en una mezcla de risa y enojo. Cuando la madre vio la causa de su reacción, se quedó fría. Allí, ante el teclado, estaba su hijo pequeño tocando inocentemente con un dedo «Estrellita, estrellita».

En ese momento el maestro pianista hizo su entrada, avanzando rápidamente hacia el piano. Él le susurró en el oído al niño: «No te detengas; sigue tocando». Entonces se inclinó sobre el niño y con su mano izquierda empezó a ejecutar el acompañamiento en los bajos. Después de unos momentos extendió su mano derecha al otro lado y añadió los acordes necesarios. Cuando la última nota sonó, el público embelesado estalló en aplausos. Juntos, el viejo maestro y el pequeño novato habían transformado una situación incómoda en una maravillosa experiencia creativa.

Eso es lo que Dios hace con nosotros. No importa cuánto nos esforcemos por llevar vidas santas, nuestros esfuerzos se quedan cortos. Sin embargo, en el momento en que Dios entra en escena, convierte nuestra música desmañada en una obra maestra. Eso es lo que Pablo nos está diciendo cuando escribe: «Ocupaos en vuestra salvación con temor y temblor, porque Dios es el que en vosotros produce así el querer como el hacer, por su buena voluntad» (Filipenses 2.12, 13). Nosotros proveemos el esfuerzo con nuestro deseo, nuestro estudio y nuestro arrepentimiento. Pero es Dios quien provee el poder obrando en nosotros para hacer su voluntad. El resultado es una vida hermosa, transformada.

La clave indispensable, como el maestro pianista le dijo al niño, es: «No lo deje; siga tocando».

RECONOCIMIENTOS

Primero que todo, empiezo con reconocer cuán bendecido he sido al haberme casado con Donna hace cincuenta y cuatro años. Cuando la conocí en la universidad, ella era una de las animadoras del equipo de baloncesto en el cual yo jugaba. Ella ha continuado siendo la animadora número uno en mi vida, y su amor y respaldo son las razones por las que sigo escribiendo. No podía haberlo hecho sin ti, Donna. ¡Tú eres en verdad «la esposa más que maravillosa»!

En tanto que los dos permanecemos juntos en medio del círculo, no estamos solos. Nuestro hijo mayor, David Michael, está presente en todo lo que hacemos. Él dirige la organización de medios Turning Point, incluyendo las reuniones donde se presentan nuestros libros. Diane Sutherland dirige el tráfico, y algunos días parece como si estuviéramos tratando de abrirnos paso en uno de aquellos círculos de tráfico que dominan la costa este. De alguna manera ella nos mantiene a todos avanzando en la dirección correcta y reduce al mínimo los embotellamientos. ¡Lo que hace es increíble, y no soy yo el único que lo nota!

El equipo de redacción y edición lo encabeza Beau Sager. Con el paso de los años, al haber tenido el privilegio de trabajar juntos, hemos cultivado muy buena amistad. Es cierto que él trabaja para mí, pero incluso es más cierto decir que trabajamos juntos. Hemos desarrollado un gran compañerismo a la hora de publicar materiales bíblicos.

Los miembros del equipo de Beau incluyen unos cuantos escritores, investigadores y editores muy buenos. Erin Bartels, William Kruidenier, Rob Morgan y Tom Williams contribuyeron al producto final que usted tiene en sus manos. Gracias a todos por estar siempre dispuestos a unirse a nosotros conforme nos esforzamos en estos proyectos importantes.

Este año añadimos una nueva integrante a nuestro equipo. Se llama Jennifer Hansen, y nos ha ayudado a diagramar los capítulos y también ha sido la editora final de este libro internamente. Ha sido una excelente «primera vez» en lo que respecta a trabajar juntos, y estoy seguro de que no será la última.

Nuestro equipo creativo, encabezado por Paul Joiner, ha estado al frente de este libro. Su plan de mercadeo es más que asombroso. Incluye una entrevista de una hora preparada para la televisión con Sheila Walsh a la que ellos llaman «La conversación asombrosa», presentando a David Green, fundador de la organización Hobby Lobby; Kirk Cousins, mariscal de campo de los Redskins de Washington; Bobby Schuller, pastor de California; y Mandisa, cantante cristiana contemporánea y competidora del programa *American Idol*. Tal como lo oyen; todos vamos a hablar de «Una vida más que maravillosa». En algún momento en el futuro cercano usted podría ser parte de la conversación.

En el idioma inglés, este es nuestro segundo libro con la editorial Thomas Nelson, y de nuevo hemos tenido el privilegio de trabajar con Matt Baugher. Fue él quien originalmente sugirió que hiciéramos un libro algo diferente, y sus ideas estuvieron entre las primeras que ayudaron a lograr este enfoque. Matt, nuestras llamadas telefónicas han significado mucho para mí, y casi todas tus sugerencias han sido incorporadas en el producto final.

Sealy Yates ha sido mi agente literario por más de veinticinco años. Él también preside la junta de los ministerios Turning Point y es un amigo muy íntimo y personal. Gracias también a Johnny Moore, nuestro publicista del ministerio y publicista nacional de *Una vida más que maravillosa*.

¡Finalmente, toda la alabanza sea a Jesucristo! Esta «vida más que maravillosa» es su vida vertida en nosotros por el Espíritu Santo. ¡En todo el mundo no hay nada más maravilloso que eso!

NOTAS

Introducción

1. N. T. Wright, *After You Believe* (Nueva York: HarperOne, 2011), p. 3 [*Después de creer* (Madrid: P.P.C., 2012)].
2. Bono, The Edge, Adam Clayton, Larry Mullen Jr. con Neil McCormick, *U2 by U2* (Nueva York: HarperCollins, 2006), p. 7.
3. Pat Goggins, «Character, the One Thing That Goes in the Casket with You», *Western Ag Reporter*, 7 enero 2016, página Facebook de Buckaroo Guide, accedido el 27 de julio de 2017, https://www.facebook.com/buckarooguide/posts/1006454889413934.

Capítulo 1: Una vida de amor

1. G .K. Chesterton, *Orthodoxy* (Nueva York: Dodd, Mead & Company, 1959), p. 50 [*Ortodoxia* (Barcelona: Acantilado, 2013)].
2. Lewis B. Smedes, *Love Within Limits* (Grand Rapids: Eerdmans, 1978), p. 23.
3. Lewis B. Smedes, *Caring and Commitment* (San Francisco: Harper & Row, Publishers, 1988), pp. 26–27.
4. Citado por Ray C. Stedman, «The One Commandment», *Authentic Christianity*, accedido el 30 de mayo de 2017, https://www.raystedman.org/new-testament/john/the-one-commandment.
5. Philip D. Kenneson, *Life on the Vine* (Downers Grove, IL: InterVarsity, 1999), p. 42.
6. Citado por Ray Stedman, «The One Commandment».

7. Ray Ortlund, «"One Anothers" I Can't Find in the New Testament», *Gospel Coalition*, 30 marzo 2017, https://blogs.thegospelcoalition.org/rayortlund/2017/03/30/one-anothers-i-cant-find-in-the-new-testament-2/.

8. Barbara Starr y John Helton, «Medal of Honor Awarded to "Antithesis of a Warrior"», *CNN*, accedido el 30 de mayo de 2017, http://www.cnn.com/2007/POLITICS/10/22/murphy.medal.of.honor/index.html?eref=yahoo#cnnSTCText

9. Adaptado de Ray C. Stedman, «That You Might Be Rich», *Authentic Christianity*, accedido el 30 de mayo de 2017, https://www.raystedman.org/thematic-studies/christian-living/that-you-might-be-rich.

10. C. S. Lewis, *Los cuatro amores* (Nueva York: Rayo, 2006), p. 135.

11. Lisa M. Fenn, «"Carry On": Why I Stayed», *ESPN*, 15 agosto 2016, http://www.espn.com/espn/otl/story/_/id/9454322/why-stayed.

12. Craig Brian Larson, *Illustrations for Preaching & Teaching* (Grand Rapids: Baker, 1993), p. 472.

Capítulo 2: Una vida de gozo

1. Gretchen Rubin, *The Happiness Project* (Nueva York: Harper, 2009), pp. 1–4 . [*Objetivo: Felicidad* (Barcelona: Urano, 2015)].

2. Adaptado por Edward K. Rowell, ed., *1001 Quotes, Illustrations, and Humorous Stories for Preachers, Teachers, and Writers,* (Grand Rapids, MI: Baker Books, 2008), p. 220.

3. Matt McMillen, «Richer Countries Have Higher Depression Rates», *WebMD*, 26 julio 2011, http://www.webmd.com/depression/news/20110726/richer-countries-have-higher-depression-rates#1.

4. «Facts and Statistics», *Anxiety and Depression Association of America*, accedido el 5 de junio de 2017, https://www.adaa.org/about-adaa/press-room/facts-statistics.

5. Sabrina Tavernise, «U.S. Suicide Rate Surges to a 30-Year High», *New York Times*, 22 abril 2016, https://www.nytimes.com/2016/04/22/health/us-suicide-rate-surges-to-a-30-year-high.html.

6. McMillen, «Richer Countries» Have Higher Depression Rates.

7. J. P. Moreland y Klaus Issler, *The Lost Virtue of Happiness* (Colorado Springs, CO: NavPress, 2006), pp. 14–15.

8. Jennifer Maggio, «Embracing Gratitude in Every Season», *iBelieve*, 22

febrero 2017, http://www.ibelieve.com/blogs/jennifer-maggio/embracing-gratitude-in-every-season.html.

9. Philip Yancey, *Where Is God When It Hurts?* (Grand Rapids, MI: Zondervan, 1990), edición Kindle, ubicaciones 1697–1702.

10. Tony Snow, «Cancer's Unexpected Blessings», *Christianity Today*, 20 julio 2007, http://www.christianitytoday.com/ct/2007/july/25.30.html.

11. G. K. Chesterton, *Orthodoxy* (Nueva York: John Lane, 1909), p. 298.

12. Bruce Larson, *There's a Lot More to Health than Not Being Sick* según se cita en Charles R. Swindoll, *Swindoll's Ultimate Book of Illustrations and Quotes* (Nashville: Thomas Nelson, Inc., 1998), p. 322.

13. Adaptado de Philip Kenneson, *Life on the Vine* (Downers Grove, IL: InterVarsity, 1999), p. 61.

14. Lewis B. Smedes, *How Can It Be All Right When Everything Is All Wrong?* (Colorado Springs, CO: WaterBrook, 1999), p. 52.

15. Robert J. Morgan, *100 Bible Verses Everyone Should Know by Heart* (Nashville: B&H Publishing, 2010), edición Kindle, ubicaciones 1833–1834.

16. C. S. Lewis, *Mero cristianismo*, 7.ª ed. (Madrid: Rialp, 2014), pp. 66–67.

17. Tony Reinke, «A (Very) Short Prayer for Joy Seekers», *Desiring God*, 9 enero 2013, http://www.desiringgod.org/articles/a-very-short-prayer-for-joy-seekers.

18. Joni Eareckson Tada, «Joy Hard Won», *Preaching Today*, accedido el 5 de junio de 2017, http://www.preachingtoday.com/illustrations/2000/november/12692.html.

19. William Barclay, *Growing in Christian Faith* (Louisville, KY: Westminster John Knox, 2000), p. 13.

20. Billy Graham, *Just as I Am* (San Francisco: HarperSanFrancisco, 1997), p. 697 [*Tal como soy* (Miami: Vida, 1997)].

Capítulo 3: Una vida de paz

1. 1. Sarah Lebhar Hall, «A 3,000 Year Old Version of "Imagine"», *Christianity Today*, 22 diciembre 2015, http://www.christianitytoday.com/ct/2015/december-web-only/3000-year-old-version-of-imagine.html.

2. Dr. David Jeremiah, «The Fruit of the Spirit Is Peace», 26 septiembre 1982, Shadow Mountain Community Church.

3. Darryl Dash, «Prince of Peace», *Dash House*, 26 diciembre 2004, https://dashhouse.com/?s=prince+of+peace.

4. Ray Stedman, *Spiritual Warfare* (Waco, TX: Word Books, 1995), p. 77.

5. *Mundane Faithfulness* (blog), http://www.mundanefaithfulness.com/about/, accedido el 14 de julio de 2017.

6. «Homecoming», Mundane Faithfulness, http://www.mundanefaithfulness.com/home/2015/3/22/homecoming, accedido el 14 de julio de 2017.

7. Paráfrasis del autor de Stedman, *Spiritual Warfare*, pp. 77–78.

8. Sinclair B. Ferguson, *Deserted by God?* (Edimburgo: Banner of Truth, 1993), p. 51 [¿Abandonado por Dios? (Ciudad Real, España: Peregrino, 2000)].

9. Henri J. M. Nouwen, *The Path of Peace* (Nueva York: Crossroad, 1995), p. 78 [*El camino de la paz* (Santafé de Bogotá: Paulinas, 1997)].

10. David J. Fant, *The Bible in New York* (Nueva York: New York Bible Society, 1948), pp. 66–67.

11. Norman B. Harrison, *His Peace* (Minneapolis, MN: Harrison Service, 1943), p. 14.

Capítulo 4: Una vida de perseverancia

1. Leo Tolstoy, *War and Peace* (UK: Penguin Books, 2005), edición Kindle, ubicación 23463.

2. Dr. Rachel Bryant, «Children Learn When They Persevere», *Star-Gazette* (Elmira, NY), 11 enero 2006.

3. Dave Sheinin, «How Katie Ledecky Became Better at Swimming Than Anyone Is at Anything», *Washington Post*, 24 junio 2016, https://www.washingtonpost.com/sports/olympics/how-katie-ledecky-became-better-at-swimming-than-anyone-is-at-anything/2016/06/23/01933534-2f31-11e6-9b37-42985f6a265c_story.html?utm_term=.3e87345250cb.

4. Kavitha A. Davison, «Why We Should Frame Katie Ledecky's Dominance in Terms of Women's Sports—Not Men's», *Voices* (espnW blog), 9 agosto 2016, http://www.espn.com/espnw/voices/article/17251015/why-frame-katie-ledecky-dominance-terms-women-sports-not-mens, vídeo, 1:30:00.

5. Robert St. John, *The Life Story of Ben Yehuda* (Noble, OK: Balfour, 2013), edición Kindle, ubicaciones 195–198.

6. Ibíd., edición Kindle, ubicaciones 80–81.

7. Ibíd., edición Kindle, ubicaciones 6411–6413.

8. Ibíd., edición Kindle, ubicaciones 6411–6422.

9. Harriet Beecher Stowe, *Oldtown Folks* (Boston y Nueva York: Houghton Mifflin, 1911), p. 132.

10. De la descripción editorial de Angela Duckworth, *Grit: The Power of Passion and Perseverance*, http://www.simonandschuster.com/books/Grit/Angela-Duckworth/9781501111105, accedido el 25 de mayo de 2017.

11. Angela Duckworth, *Grit: The Power of Passion and Perseverance* (Nueva York: Scribner, 2016), p. 275.

12. Ibíd., p. 46.

13. Irving Stone, citado en Pat Williams y Jim Denney, *Go for the Magic!* (Nashville: Thomas Nelson, 1995), pp. 175–176.

14. Erik Weihenmayer, *Toca la cima del mundo* (México: Engrupo, 2009).

15. John Phillips, *Exploring Hebrews* (Grand Rapids: Kregel, 1988), p. 177.

16. Jim Collins, *Good to Great* (Nueva York: HarperCollins, 2001), p. 206 [*Empresas que sobresalen* (Barcelona: Deusto, 2014)].

Capítulo 5: Una vida de compasión

1. Allie Torgan, «Grandparents Step Up, Save Families», *CNN*, 25 julio 2013, http://www.cnn.com/2013/07/25/living/cnnheroes-de-toledo-grandparents/index.html.

2. Charles R. Swindoll, *Compassion* (Waco, TX: Word Books, 1984), pp. 28–29.

3. Adaptado de David Jeremiah, *Señales de vida* (Miami: Vida, 2009), pp. vii–viii.

4. Adaptado de David Jeremiah, *Living with Confidence in a Chaotic World* (Nashville, TN: Thomas Nelson, 2009), p. 39.

5. David Jeremiah, *Señales de vida*, p. 216.

6. Fuente original desconocida.

7. De una carta que me envió Andrew Arroyo, fechada el 27 de mayo de 2017.

8. Alice Gray, *Stories for the Heart: The Second Collection* (Sisters, OR: Multnomah, 2001), pp. 40–41 [*En aguas refrescantes* (Miami: Unilit, 1998)].

Capítulo 6: Una vida de generosidad

1. Jim Dwyer, «Philanthropist Wants to Be Rid of His Last $1.5 Billion», *New York Times*, 7 agosto 2012, http://www.nytimes.com/2012/08/08/nyregion/a-billionaire-philanthropist-struggles-to-go-broke.html.

2. Madeline Stone, «It Was Bill Gates' Mother Who Pushed Him into Philanthropy After He Became a Billionaire», *Business*

Insider, 10 mayo 2015, http://www.businessinsider.com/
bill-gates-mother-inspired-philanthropy-2015-5.

3. Fundación Bill y Melinda Gates, «Who We Are: Foundation Fact Sheet»,
http://www.gatesfoundation.org/Who-We-Are/General-Information/
Foundation-Factsheet, accedido el 25 de mayo de 2017.

4. Eleanor Goldberg, «Legendary Shoe Shiner Who Donated All His Tips
($220,000!) Retires... But Not From Our Hearts», *Huffington Post*, 18
diciembre 2013, http://www.huffingtonpost.com/2013/12/19/albert-lexie-
shoe-shiner_n_4474990.html.

5. «Generosity of Spirit», sitio web de la Universidad Baylor, http://www.
baylor.edu/content/services/document.php/253576.pdf, acceso 25 de mayo
de 2017.

6. Ver entrada para *ptocos* en *Blue Letter Bible*, https://www.blueletterbible.
org/lang/lexicon/lexicon.cfm?Strongs=G4434&t=KJV, accedido el 25 de
mayo de 2017.

7. Kelly M. Kapic y Justin L. Borger, *God So Loved, He Gave: Entering the
Movement of Divine Generosity* (Grand Rapids: Zondervan, 2010), pp.
147–148.

8. Michael Card, *Mark: The Gospel of Passion* (Downers Grove, IL:
InterVarsity, 2012), p. 155.

9. G. Campbell Morgan, *The Gospel According to Mark* (Westwood, NJ: Revell,
1927), p. 271.

10. James A. Brooks, *The New American Commentary: Mark* (Nashville:
Broadman Press, 1991), p. 203.

11. R. Kent Hughes, *Mark, Volume 2* (Wheaton, IL: Crossway, 1989), pp.
132–33.

12. Arno C. Gaebelein, *The Gospel of Matthew* (Nueva York: Loizeaux Brothers,
1961), p. 555.

13. Douglas V. Henry, «Generosity of Spirit», *Institute for Faith and Learning*,
2015, http://www.baylor.edu/content/services/document.php/253573.pdf,
accedido el 26 de mayo de 2017.

14. Christian Smith y Hilary Davidson, *The Paradox of Generosity* (Oxford:
Oxford University Press, 2014), p. 102.

15. Mike Holmes, «What Would Happen If the Church Tithed?», *Relevant*,
8 marzo 2016, http://archives.relevantmagazine.com/god/church/
what-would-happen-if-church-tithed.

16. Julie Bort, «Bill Gates Talks about the Heartbreaking Moment That Turned Him to Philanthropy», *Business Insider*, 21 enero 2015, http://www. businessinsider.com/why-bill-gates-became-a-philanthropist-2015-1.

17. C. S. Lewis, *Mere Christianity* (Nueva York: HarperCollins, 1980), pp. 144–145. Hay varias ediciones en español.

18. Dan Olson, «The Time Is Ripe for Radical Generosity», *The Gospel Coalition*, 26 diciembre 2014, https://www.thegospelcoalition.org/article/ the-time-is-ripe-for-radical-generosity.

19. Brian Solomon, «Meet David Green: Hobby Lobby's Biblical Billionaire», *Forbes*, 18 septiembre 2012, https://www.forbes.com/sites/ briansolomon/2012/09/18/david-green-the-biblical-billionaire-backing-the-evangelical-movement/#7937627b5807.

20. Jim Dwyer, «"James Bond of Philanthropy" Gives Away the Last of His Fortune», *New York Times*, 5 enero 2017, https://www.nytimes. com/2017/01/05/nyregion/james-bond-of-philanthropy-gives-away-the-last-of-his-fortune.html.

21. Tim Worstall, «Astonishing Numbers: America's Poor Still Live Better Than Most of the Rest of Humanity», *Forbes*, 1 junio 2013, https://www. forbes.com/sites/timworstall/2013/06/01/astonishing-numbers-americas-poor-still-live-better-than-most-of-the-rest-of-humanity/#53f24e2054ef.

22. Citado en Randy Alcorn, *Money, Possessions, and Eternity* (Carol Stream, IL: Tyndale, 2003), edición Kindle, ubicaciones 8750–8770.

23. Samantha Grossman, «Allow This Man to Remind You That People Can Be Surprisingly Generous», *Time*, 21 abril 2015, http://time.com/3830073/ new-york-city-subway-roses/.

Capítulo 7: Una vida de integridad

1. «Joey Prusak», CBS Minnesota, http://minnesota.cbslocal.com/tag/ joey-prusak/.

2. Amy Rees Anderson, «Success Will Come and Go, But Integrity Is Forever», *Forbes*, 28 noviembre 2012, https:// www.forbes.com/sites/amyanderson/2012/11/28/ success-will-come-and-go-but-integrity-is-forever/#626ab564470f.

3. *Oxford Dictionary*, s.v. «Integrity», accedido el 26 de junio de 2017, https:// en.oxforddictionaries.com/definition/integrity.

4. Stephen Covey, *The Seven Habits of Highly Effective People* (Nueva York:

Simon & Shuster, 2004), p. 157 [*Los 7 hábitos de la gente altamente efectiva* (Barcelona: Paidós, 2015)].

5. Rick Ezell, «Are You a Person of Integrity?», *Parenting Teens,* accedido el 22 de junio de 2017, http://www.lifeway.com/Article/ Parenting-Teens-Are-You-a-Person-of-Integrity.

6. Citas de Will Rogers, «Will Rogers Today», http://www.willrogerstoday. com/will_rogers_quotes/quotes.cfm?qID=2.

7. John, «Warren Buffett Looks for These 3 Traits in People When He Hires Them», *Business Insider,* 4 enero 2017, http://markets.businessinsider.com/news/stocks/ what-warren-buffett-looks-for-in-candidates-2017-1-1001644066.

8. Citado en Jerry White, *Honesty, Morality, and Conscience* (Colorado Springs, CO: NavPress, 1996), pp. 18–19.

9. Carey Nieuwhof, «5 Ways to Build Your Integrity», 8 febrero 2012, https:// careynieuwhof.com/5-ways-to-build-your-integrity/.

10. Rick Ezell, «Are You a Person of Integrity?».

11. Dorothy Twohig, «George Washington: The First Presidency», *Washington Papers,* accedido el 26 de junio de 2017, http://gwpapers.virginia.edu/ history/articles/george-washington-the-first-presidency/.

12. Adaptado de Richard C. Stazesky, «George Washington, Genius in Leadership», *Washington Papers,* accedido el 26 de junio de 2017, http://gwpapers.virginia.edu/history/articles/ george-washington-genius-in-leadership/.

13. Robert Bolt, *A Man for All Seasons* (Nueva York: Vintage Books, 1990), p. 140.

14. Pat Williams con Jim Denney, *Souls of Steel* (Nueva York: FaithWords, 2008), pp. 37–38.

15. Adaptado de *Today in the Word*, marzo de 1989, p. 40. Primero usado en el sermón «El fruto del Espíritu es fe», 17 diciembre 1982, Shadow Mountain Community Church.

16. Amy Rees Anderson, «Success Will Come and Go, but Integrity Is Forever».

17. Rick Renner, *Sparkling Gems from the Greek, Vol. 2* (Tulsa, OK: Institute Books, 2016), pp. 80–81.

18. Os Guinness, *Impossible People* (Downers Grove, IL: InterVarsity, 2016), edición Kindle, ubicaciones 257–265.

19. Adaptado de su biografía en *Helen Keller Foundation*, accedido el 26 de junio de 2017, helenkellerfoundation.org.

20. Pat Williams, *Souls of Steel*, p. 38.

21. Bill Hybels, «But I'm an Exception», *CT Pastors*, primavera de 1988, accedido el 26 de junio de 2017, http://www.christianitytoday.com/ pastors/1988/spring/88l2037.html.

22. Adaptado de William J. Baush, *A World of Stories for Preachers and Teachers* (Mystic, CT: Twenty-Third Publications, 2004), p. 282.

Capítulo 8: Una vida de humildad

1. John Dickson, *Humilitas* (Grand Rapids: Zondervan, 2011), pp. 26–27.

2. Pat Williams, *Humility* (Uhrichsville, OH: Shiloh Run, 2016), p. 37.

3. Reuters, «"I Am the Greatest": Muhammad Ali in His Own Words», *Newsweek*, 4 junio 2016, http://www.newsweek. com/i-am-greatest-muhammad-ali-own-words-466432.

4. Duane Elmer, *Cross-Cultural Servanthood* (Downers Grove, IL: InterVarsity, 2006), edición Kindle, ubicaciones 167–179.

5. Las ideas de esta sección se originaron en Jim McGuiggan, *The God of the Towel* (West Monroe, LA: Howard, 1997), p. 7.

6. Max Anders, *Holman New Testament Commentary: Galatians, Ephesians, Philippians, & Colossians* (Nashville: Broadman & Holman Publishers, 1999), edición Kindle, ubicaciones 4475–4479.

7. John Ortberg, *Life-Changing Love* (Grand Rapids: Zondervan, 1998), pp. 141–142.

8. Peggy Noonan, *When Character Was King* (Nueva York: Penguin, 2001), p. 187.

9. William Barclay, *The Gospel of Mark* (Louisville: Westminster John Knox, 2004), p. 224 [*Evangelio según San Marcos* (Barcelona: Clie, 1995].

10. Mark Batterson, *Chasing the Lion* (Colorado Springs: Multnomah, 2016), p. 67.

11. Pat Williams, *Humility*, p. 93.

12. Ibíd., p. 13.

13. John Stott, *Romans* (Downers Grove, IL: InterVarsity, 1994), p. 330.

14. Tim Chester, «The First Time I Met John Stott», 28 julio 2011, https:// timchester.wordpress.com/?s=stott&submit=Search.

15. Mitch Albom, «George W. Bush Gives Lesson in Laughing at Ourselves»,

Detroit Free Press, 4 marzo 2017, http://www.freep.com/story/sports/columnists/mitch-albom/2017/03/04/george-bush-lesson/98710424/.

Capítulo 9: Una vida de disciplina

1. Steven Lawson, «Self-Discipline», *Tabletalk*, 1 de agosto 2013, accedido el 12 de junio de 2017, http://www.ligonier.org/learn/articles/self-discipline/.
2. William Backus, *Finding the Freedom of Self-Control* (Bloomington, MN: Bethany House, 1987), p. 36.
3. Adaptado de Rick Warren, «Developing Biblical Self-Control», *Pastor Rick's Daily Hope*, 21 mayo 2014, http://pastorrick.com/devotional/english/developing-biblical-self-control.
4. David Mathis, «Self-Control and the Power of Christ», 8 octubre 2014, http://www.desiringgod.org/articles/self-control-and-the-power-of-christ.
5. Adaptado de Maria Szalavitz según se cita en Tara Schiller, «15 Things Only Self-Disciplined People Would Understand», *Lifehack*, accedido el 19 de junio de 2017, http://www.lifehack.org/articles/communication/15-things-only-self-disciplined-people-would-understand.html.
6. Adaptado de Tara Schiller, «15 Things Only Self-Disciplined People Would Understand», *Lifehack*, accedido 19 de junio de 2017, http://www.lifehack.org/articles/communication/15-things-only-self-disciplined-people-would-understand.html.
7. Fritz Ridenour, *How to Be a Christian Without Being Religious* (Minneapolis, MN: Billy Graham Association, 1967), p. 55.
8. Daniel Akst, «Who's in Charge Here?», *Wilson Quarterly*, verano de 2006, http://archive.wilsonquarterly.com/essays/whos-in-charge-here.
9. Harry S. Truman, «Note of Judge Harry S. Truman, May 14, 1934», 14 mayo 1934»], Truman Library, accedido el 22 de junio de 2017, https://www.trumanlibrary.org/whistlestop/study_collections/trumanpapers/psf/longhand/index.php?documentversion=both&documentid=hst-psf_naid735210-01.
10. Maxie Dunham, *The Communicator's Commentary*, vol. 8 (Dallas, TX: Word, 1982), p. 120.
11. Bradley Wright con David Carreon, «The Science of Sinning Less», *Christianity Today*, 21 abril de 2017, http://www.christianitytoday.com/ct/2017/may/science-of-sinning-less.html.

12. David Jeremiah, *Turning Toward Joy* (Colorado Springs, CO: Cook, 2006), p. 133 [*Un giro al gozo* (Miami: Vida, 2003)].

13. Mark Batterson, *Chasing the Lion* (Sisters, OR: Multnomah, 2016), p. 114 [*Persigue tu león* (Weston, FL: Editorial Nivel Uno, 2016)].

14. William Barclay, *The Gospel of Matthew,* vol. 1 (Filadelfia, PA: Westminster, 1958), p. 323.

15. Donald S. Whitney, *Disciplinas espirituales para la vida cristiana* (Carol Stream, IL: Tyndale House Publishers, 2014), p. 14.

16. Wright, «The Science of Sinning Less».

17. Brian Feldman, «Matthew McConaughey Gave Exactly the Speech You'd Expect from Him», *The Atlantic*, 3 marzo 2014, https://www.theatlantic.com/entertainment/archive/2014/03/matthew-mcconaughey-gave-exactly-speech-youd-expect-him/358728/.

18. H. A. Dorfman citado en Tara Schiller, «15 Things Only Self-Disciplined People Would Understand».

19. William H. McRaven, *Make Your Bed* (Nueva York: Hachette, 2017), pp. 97–99.

Conclusión

1. Adaptado de «Power Outage Creates "Cruise Ship from Hell"», *Preaching Today*, accedido el 17 de junio de 2017, http://www.preachingtoday.com/illustrations/2013/september/7090913.html.

2. R. A. Torrey, *What the Bible Teaches* (Old Tappan, NJ: Fleming Revell, 1898), p. 289.

3. Citado en Christopher J. Wright, *Cultivating the Fruit of the Spirit* (Downers Grove, IL: InterVarsity, 2017), edición Kindle, ubicación 64.

4. Charles Caldwell Ryrie, *El Espíritu Santo* (Grand Rapids, MI: Portavoz, 1978), p. 118.

5. Adaptado de George MacDonald según se cita en C. S. Lewis, *Mero cristianismo*, 7.ª ed. (Madrid: Rialp, 2014), p. 214.

ACERCA DEL AUTOR

El doctor David Jeremiah es el fundador de Turning Point, un ministerio internacional dedicado a proveer una sólida enseñanza bíblica para los cristianos a través de la radio y la televisión, la Internet, eventos a gran escala, y materiales y libros de recursos. Es autor de más de cincuenta libros, incluyendo: *¿Es este el fin?*; *Una nación en crisis*; *Agentes del Apocalipsis*; *Agentes de Babilonia*; *El Armagedón económico venidero*; *Dios le ama: siempre le ha amado, y siempre le amará* y *¡Nunca pensé que vería el día!*

El doctor Jeremiah y su esposa, Donna, viven en San Diego, California, donde él sirve como pastor principal de Shadow Mountain Community Church. Tienen cuatro hijos y doce nietos.

El anhelo de mi corazón
por el Dr. David Jeremiah

¿Cuánto tiempo ha pasado desde que... contempló con ojos bien abiertos una tormenta magnífica, meditó en la miríada de colores de un atardecer, o se maravilló ante las olas del mar con sus crestas de espuma blanca?

¿Cómo cambiaría su vida si viviera todos los días en medio de ese asombro?

Dios quiere que vivamos cada momento en este tipo de maravillas. Sin embargo, para muchos de nosotros, el asombro que alguna vez experimentamos ante la presencia de Dios prácticamente se ha desvanecido. Tal vez adoremos de una forma genuina los domingos por la mañana, pero después pasamos el resto de la semana añorando el poder redescubrir esa sensación de asombro.

En este libro, el pastor y autor *best seller* doctor David Jeremiah comparte la forma en que usted puede experimentar una pasión exuberante por Dios cada momento de su vida. El doctor Jeremiah le invita a descubrir una nueva perspectiva de adoración, explorando lo que significa estar en comunión diaria con Dios con un corazón lleno de admiración y alabanza.

Cuando experimente a Dios en una adoración genuina y diaria, la luz del gozo comenzará a derretir la desesperación y el cinismo, y finalmente satisfará el anhelo de su corazón de vivir cada momento en las maravillas de la adoración.

¿Qué le pasa
al mundo?

por el Dr. David Jeremiah

¿Está la crisis política y económica actual en verdad profetizada en la Biblia? Si es así, ¿qué tenemos que hacer al respecto? Es difícil reunir toda esta información de manera que brinde un panorama amplio de cómo lucirán los últimos tiempos. Es por eso que se levantan muchas teorías. Y es por eso que el doctor David Jeremiah ha escrito este libro, que sobrepasa identificar las diez profecías esenciales más importantes de la Biblia.

No existe otro libro como este. Usted encontrará una herramienta de estudio para comprender el futuro. Tendrá una mayor sensación de consuelo que, incluso en estos tiempos difíciles, Dios está realmente en control. Si las profecías bíblicas siempre han sido un misterio para usted, el libro del doctor Jeremiah le ayudará a resolver ese misterio. Finalmente, las profecías bíblicas tienen sentido, y hacen la diferencia. Nunca han sido más importantes. Las verdades reveladas en este libro son confrontadoras y avivadoras pero de lectura obligatoria en estos días turbulentos.